UNIVERSITÉ DE PARIS. — FACULTÉ DE DROIT

L'ANGLETERRE

ET LA LOI CIVILE FRANÇAISE

A

L'ILE MAURICE

(ANCIENNE ILE DE FRANCE)

THÈSE POUR LE DOCTORAT

Présentée et soutenue le jeudi 26 janvier 1899, à 9 heures 1/2

PAR

PIERRE HAREL

PARIS

LIBRAIRIE NOUVELLE DE DROIT ET DE JURISPRUDENCE

ARTHUR ROUSSEAU

ÉDITEUR

14, RUE SOUFFLOT ET RUE TOULLIER, 13

1899

THÈSE

POUR LE DOCTORAT

La Faculté n'entend donner aucune approbation ni improbation aux opinions émises dans les thèses; ces opinions doivent être considérées comme propres à leurs auteurs.

UNIVERSITÉ DE PARIS. — FACULTÉ DE DROIT

L'ANGLETERRE

ET LA LOI CIVILE FRANÇAISE

A

L'ILE MAURICE

(ANCIENNE ILE DE FRANCE)

THÈSE POUR LE DOCTORAT

L'ACTE PUBLIC SUR LES MATIÈRES CI-APRÈS
Sera soutenu le jeudi 26 janvier 1899, à 9 heures 1/2

PAR

PIERRE HAREL

Président : M. RENAULT.
Suffragants : MM. LAINÉ, *professeur.*
PILLET, *agrégé.*

PARIS
LIBRAIRIE NOUVELLE DE DROIT ET DE JURISPRUDENCE
ARTHUR ROUSSEAU
ÉDITEUR
14, RUE SOUFFLOT ET RUE TOULLIER, 13

1899

L'ANGLETERRE ET LA LOI CIVILE FRANÇAISE

A L'ILE MAURICE, ANCIENNE ILE DE FRANCE

INTRODUCTION

L'île de France, où jadis l'élite de nos colons implanta pour toujours l'âme française, est aujourd'hui une dépendance de l'Angleterre sous le nom d'île Maurice. Elle était la perle de nos possessions de la mer des Indes (1), mais le destin fit qu'elle plut à notre puissante voisine et rivale, dont les tentations deviennent irrésistibles dès qu'il s'y mêle une question d'intérêt (self-interest). Pour sa marine militaire et marchande, il fallait à l'Angleterre un bon port de relâche et de ravitaillement dans la mer des Indes ; sans autre raison que la raison de parfaite convenance, l'Angleterre jeta son dévolu sur l'île de France qu'elle nous prit, le 3 décembre 1810, du droit du plus fort, *quia nominor leo Britannicus* (2).

(1) L'île de France était dénommée « la perle de l'Océan indien ». A. d'Epinay, *Notes pour servir à l'histoire de l'île de France*, p. 1. Voir sa prise de possession par la France, annexe 1.

(2) La devise de l'Angleterre est, on le sait : Dieu et mon droit. Le

Bien que séparée définitivement de la France à partir de cette époque, l'île de France n'en fut détachée au point de vue diplomatique que le 30 mai 1814, date de la signature du traité de Paris, qui en consacra la cession officielle à l'Angleterre.

Quatre-vingt huit ans se sont écoulés depuis la conquête ! En dépit de ces 88 années d'annexion, l'île Maurice garde et conserve, tout comme du temps où elle était l'île de France, la langue, la religion, les mœurs, les coutumes, les lois, les traditions et aussi le culte de son ancienne mère-patrie. L'anglais y est la langue officielle, celle qu'impose l'Angleterre, qu'on n'apprend, et dont on ne se sert que contraint et forcé ; la langue usuelle et courante, celle que parle tout le monde, sans en excepter les fonctionnaires, petits ou grands, qu'y expédie la métropole, est le français. La langue française a poussé de si profondes racines à l'île Maurice, que le patois local lui-même, qu'on appelle « le langage créole », comprend un nombre considérable de mots et de locutions, dont se servaient couramment nos ancêtres, et qu'on retrouve, sous la même forme et avec le même sens, dans nos vieux auteurs classiques, Bran-

droit est représenté sous les figures allégoriques d'un lion et d'un léopard. D'où, au lieu du droit, la Force et la Ruse : c'est l'histoire de la politique anglaise dans le monde entier, et plus particulièrement à l'île de France. Depuis que les Anglais sont en Egypte, — à perpétuelle demeure — une troisième figure allégorique pourrait être ajoutée aux deux précédentes, le Crocodile.

tôme, Villon, Clément Marot, Rabelais, etc. etc. (1).

Ce langage, soi-disant créole, que parle la population ouvrière de l'île, composée de nègres, d'Indiens, de Chinois et d'autres races cosmopolites, — population qui aurait bien mauvaise grâce à s'en plaindre, — est, on le voit, du meilleur crû de France.

La législation n'est pas demeurée moins française. La loi civile, promulguée le 25 vendémiaire an XIV sous le titre de Code civil, puis le 20 juillet 1808 sous le titre de Code Napoléon par le capitaine général Decaen, alors gouverneur des établissements français dans la mer des Indes, y est toujours en vigueur, sauf certains changements introduits par diverses ordonnances. Ce sont les modifications apportées à notre loi civile française à l'île Maurice que nous nous proposons de faire connaître, ainsi que les causes qui en ont provoqué l'adoption.

Mais avant d'aborder cette étude, il nous a paru utile et intéressant d'exposer dans un avant-propos :

1° les conditions du traité de capitulation de 1810 ;

2° le régime administratif de l'île Maurice ;

3° le mode de formation, de promulgation et de publication des lois ;

4° l'état général des lois qui régissent l'île ;

5° l'organisation judiciaire.

(1) Nous citerons entre autres exemples les mots *ber* pour berceau — *drapeaux* dans le sens de langes, — *li* pour lui, le, la les, *poupette* pour poupée, *acouter* pour écouter, *espérer* dans le sens d'attendre, etc. etc. *Une restitution de nationalité*, par Alfred Harel, Paris (1863).

AVANT-PROPOS

CHAPITRE PREMIER

CONDITIONS DU TRAITÉ DE CAPITULATION. — NOTIFICATIONS AUX HABITANTS.

Après une vaillante défense, au cours de laquelle civils et militaires rivalisèrent de courage et de ténacité, l'honneur étant sauf, l'île de France dut renoncer à continuer une lutte inégale et sans issue; mais, avant de mettre bas les armes, elle dicta ses conditions au vainqueur, et le vainqueur les accepta sur l'heure (1).

Le texte de cette glorieuse capitulation — une victoire après la défaite, — mérite d'être rappelé en son entier :

« Nous soussignés, le major général H. Warde et le commodore J. Rowley nommés pour S. M. Britannique par le vice-amiral Albemarle Bertie, commandant en

(1) Trois mois auparavant, les 25, 26 et 27 août 1810, nous avions battu les Anglais, à plate couture, dans le combat naval du Grand Port (voir annexe n° 2). Sans une écrasante inégalité entre les forces offensives et celles défensives, les Anglais eussent subi le même sort, sur terre (voir annexe n° 3).

chef des vaisseaux et des bâtiments de S. M. Britannique au cap de Bonne-Espérance et des mers adjacentes, et par le lieutenant général l'honorable John Abercromby, commandant les forces de S. M. Britannique, d'une part ; — et Martin Vandermaesen, général de division, membre de la Légion d'honneur, et commandant des troupes de S. M. I. et R. l'Empereur de France, à l'île de France, et M. Victor Duperré, capitaine de vaisseau de S. M. I. et R. nommés par M. Charles Decaen, grand-officier de la Légion d'honneur, général de division, capitaine général des établissements français à l'Est du cap de Bonne-Espérance, d'autre part ; lesquels étant respectivement chargés de pleins pouvoirs pour traiter de la reddition de l'île et de toutes ses dépendances aux forces de S. M. Britannique sont convenus de ce qui suit :

« I. — Que les troupes tant de terre que de mer, officiers, sous-officiers et soldats, ne seront point prisonnières de guerre.

« Réponse. — Les troupes de S. M. Impériale et Royale l'Empereur des Français, formant la garnison de l'île de France, les officiers et sous-officiers, les officiers de la marine impériale et royale ne seront point considérés comme prisonniers de guerre.

« II. — Qu'ils emporteront leurs effets et bagages.

« Réponse. — Les troupes de S. M. Impériale et Royale conserveront leurs armes et leurs drapeaux, sans munitions ; ils conserveront tous leurs effets particuliers, et les bagages qu'ils déclareront sur leur honneur être leur bien propre.

« III. — Qu'ils seront transportés, ainsi que leurs familles, dans un des ports de l'Empire français. — Accordé.

« IV. — Que, pour ce transport, je conserverai les quatre frégates de S. M., la Manche, la Bellone, l'Astrée et la Minerve ainsi que les corvettes le Victor et l'Entreprenant, avec les officiers et équipages, armement, munitions et approvisionnements.

« Réponse. — Cet article est inadmissible. Le transport des équipages des vaisseaux de guerre de la marine impériale et royale est prévu par l'article précédent.

« V. — Qu'il sera joint à ces bâtiments six bâtiments de transport que je désignerai pour être employés à notre transport avec les approvisionnements nécessaires pour leurs équipages et leurs passagers.

« Réponse. — Il sera expédié des vaisseaux en cartel, aux frais du gouvernement anglais, bien approvisionnés pour *transporter en France* la garnison française et les équipages des vaisseaux de guerre. Lesdits vaisseaux auront ensuite la liberté de retourner, sans délai, dans un port de l'Angleterre.

« VI. — Ces conditions accordées, je rendrai la colonie et toutes ses dépendances, les magasins, etc. Les inventaires de tous les objets appartenant à S. M. l'Empereur seront dressés et conservés pour le tout être rendu à la paix.

« Réponse. — La colonie et ses dépendances seront cédées sans condition, les parties contractantes n'étant munies d'aucun pouvoir pour déterminer leur destination future. Les inventaires de tous les magasins et propriétés de l'Etat qui seront aux forces de S. M. Britannique seront faits par des commissaires nommés des deux côtés.

« VII. — Que les propriétés des habitants, quelles qu'elles soient, seront respectées. — Accordé.

« VIII. — Que les habitants conserveront *leur religion*, *leurs lois* et *coutumes*. — Accordé (1).

« IX. — Qu'il leur sera permis pendant l'espace de deux ans de jouir de la faculté de quitter la colonie avec leurs propriétés pour se rendre aux lieux où ils voudront. — Accordé.

« X. — Que les blessés et les malades qu'on sera obligé de laisser dans les hôpitaux seront traités comme les sujets de S. M. Britannique.

« Réponse. — Les blessés et les malades qui resteront dans les hôpitaux seront traités comme les sujets de

(1) Pour que le souvenir en reste mieux gravé dans le cœur des Mauriciens, un index ou table des lois en vigueur à l'île Maurice publié en 1892 par un fonctionnaire anglais, M. L. A. Thibaud, crown solicitor, contient à la page 54 au mot Langue : « Maintenance of the French language, a condition of the capitulation of Mauritius », « Le maintien de la langue française, une des conditions de la capitulation de Maurice ». C'est île de France qu'a voulu écrire M. Thibaud. L'île Maurice n'a pas encore capitulé : elle proteste chaque jour contre la langue anglaise que lui impose l'Angleterre, en violation de ses droits. Cette prescription là ne sera jamais acquise.

S. M. B. Il sera permis aux chirurgiens français de rester avec eux ; par suite ils seront envoyés en France aux frais du gouvernement britannique.

ARTICLES ADDITIONNELS.

« I. — Les fonctionnaires publics du gouvernement français seront autorisés à rester dans la colonie pendant un temps raisonnable pour régler et arrêter les comptes publics avec les habitants de la colonie.

« II. — Le 3 décembre, à 6 heures du matin, les troupes de S. M. B. prendront possession du fort Dumas et des lignes du Port Napoléon jusqu'à la batterie Fanfaron.

« III. — Le 4 décembre, à 6 heures du matin, l'île aux Tonneliers, le Fort-Blanc, toutes les batteries du port Napoléon, tous les bâtiments, tant vaisseaux de guerre que corsaires et bâtiments marchands, ainsi que toute autre espèce d'embarcations quelles qu'elles soient, seront remis aux forces navales et militaires de S. M. B. et tous les bâtiments qui se trouveront au mouillage en quelque port ou crique de l'île que ce soit, seront également considérés comme propriétés de S. M. B.

« IV. — Les troupes de S. M. I. et R. et les équipages des bâtiments de guerre et corsaires se retireront dans les casernes de la ville où elles resteront jusqu'à leur embarquement.

« V. — La subsistance de la garnison française, tant officiers que soldats, ainsi que tous les officiers et équipages des bâtiments de guerre, aussi longtemps qu'ils resteront ici, sera assurée et fournie par le gouvernement anglais.

« VI. — Qu'au moment de la remise du port, comme il est stipulé dans le 3e article additionnel, tous les prisonniers anglais de tout rang qui se trouvent à l'île de France seront remis en liberté.

« VII. — Que dans le cas où il s'élèverait quelques difficultés dans l'interprétation des articles précédents, ils seront interprétés en faveur du gouvernement français.

« Convenu et arrêté au quartier général britannique, aux Pamplemousses à 1 heure du matin le 3 décembre 1810. »

Suivent les signatures (1).

Le traité de capitulation signé, Sir E. Farquhar prit possession de l'île de France, au nom de l'Angleterre, en qualité de Gouverneur, et fit afficher la proclamation suivante :

« Au nom de S. M. Georges III.

« Sa Majesté très gracieuse, le Roi de la Grande-Bretagne, ayant pris sous son Gouvernement l'île de France.

« La présente proclamation est pour donner connaissance à toutes les personnes habitant la dite colonie,

(1) Ce texte a été copié dans un ouvrage intitulé *Recueil des lois* publiées à Maurice depuis la dissolution de l'assemblée nationale en 1803, sous le gouvernement du général Decaen, jusqu'à la fin de l'administration de S. E. Sir R. E. Farquhar, en 1823. Imprimerie Mallac frères, Maurice, 1822-1824.

Il est reproduit fidèlement dans l'ouvrage de M. John Rouillard : « Les lois de Maurice » mais il est tronqué et dénaturé dans l'ouvrage de M. Pigott, publié à Maurice en 1896 « Laws of Mauritius ».

européens, créoles, planteurs, négociants, libres, etc. que les règlements observés ci-devant pour l'administration civile de la justice et de la police seront conservés. Les mêmes lois et les mêmes usages en vigueur jusqu'à ce jour seront aussi observés.

« Les propriétés particulières des habitants seront plus particulièrement protégées, et ils sont invités à apporter au marché, comme à l'ordinaire, les divers produits de leurs plantations et de leurs jardins. Les *anglais sont venus pour établir une ferme et perpétuelle amitié avec les habitants de l'île de France* qui trouveront à vendre leurs denrées à d'excellentes conditions, et qui jouiront de tous les avantages du commerce comme tous les autres sujets de S. M. Britannique.

« A l'égard de l'administration des différentes branches du gouvernement, une nouvelle proclamation indiquera dans quelques jours quel sera le mode de gestion. Elle indiquera en même temps les conditions et les cas où l'on pourra accorder des permissions de commerce.

« Jusqu'à nouvel ordre, chacun continuera de remplir son devoir respectif et obéira aux ordres de son supérieur.

« Toutes les annonces et affaires publiques généralement quelconques se feront au nom de S. M. Britannique.

« Dieu conserve le Roi.

« Le présent sera mis à l'ordre, imprimé et affiché.

« Port-Louis, île de France, le 5 décembre 1810.

« Signé, Farquhar. »

La garnison de l'île de France se composait de 1226 officiers, sous-officiers et soldats, dont 182 étrangers.

Les 182 étrangers furent, dit-on, fusillés par les Anglais, parce qu'ils étaient d'origine irlandaise (1) ; le surplus de la garnison, et les marins furent embarqués sur des navires anglais, qui firent voile vers l'Europe.

Après quelques mois de traversée, ces vaisseaux passaient en vue des côtes de France, mais sans s'arrêter, ils poursuivirent leur route vers le nord et se dirigèrent sur Portsmouth (Angleterre) où eut lieu le débarquement des marins et des soldats français. Ceux-ci ne posèrent même pas le pied sur le sol de l'Angleterre, ils furent transbordés des vaisseaux qui les avaient emmenés en Europe, sur des pontons. Alors que l'acte de capitulation les déclarait libres et stipulait leur rapatriement dans un port français, ils furent considérés comme prisonniers de guerre, et traités comme tels. Pendant plus de 2 ans et demi, toutes les privations et les pires misères furent supportées par eux. Ce n'est qu'à la fin de 1813, qu'ils purent rentrer en France, après avoir été échangés contre des prisonniers de guerre anglais (2).

Mais revenons à l'île de France ! Pendant que nous étions à bord des navires anglais faisant la conduite à

(1) A. d'Epinay, *Notes sur l'île de France.*

(2) Le hasard nous a fait découvrir à Paris la famille d'un de ces soldats martyrs. Il se nommait Jacques Sigismond Fuchs, était sergent au régiment de l'île de France, lors de la capitulation, eut la croix de la Légion d'honneur le 31 décembre 1863 et mourut à l'Hôtel des Invalides, le 27 novembre 1870, à l'âge de 84 ans.

ces braves marins et soldats, et qu'en leur souhaitant un bon voyage, nous leur disions un fraternel adieu, le gouverneur Farquhar a fait placarder une nouvelle proclamation conçue en ces termes :

« Au nom de S. M. Georges III, etc.

« La proclamation faite au nom de S. M. Britannique, en date du 5 décembre 1810, ayant annoncé que, par une proclamation postérieure, les habitants de l'île de France seraient incessamment instruits du mode par lequel l'administration de cette île serait établie, il a, en conséquence, été arrêté, comme à l'île Bourbon, ce qui suit :

« 1. — Tous les établissements ecclésiastiques et les personnes qui remplissent les fonctions religieuses, seront conservés sous le gouvernement britannique, sous les mêmes lois et règlements qui existaient en cette île, lors de la reddition.

« 2. — Tous établissements, tant judiciaires que de police, seront également conservés et continués *durante bene placito*, sous le gouvernement anglais, sur les mêmes bases, et d'après les mêmes règlements qui existaient lors de la reddition de cette île ; sauf toutefois les modifications suivantes : 1° tous les jugements seront rendus au nom de S. M. Georges III, roi des Royaumes-Unis de la Grande-Bretagne et d'Irlande, au lieu d'être intitulés comme ils l'étaient par le passé ; 2° tous les arrêts de la Cour d'appel établie en cette île, contre lesquels on aurait pu se pourvoir par devant les cours supérieures du gouvernement français, en France, comme par le passé, seront, jusqu'à ce qu'il en soit autrement ordonné, présentés (dans le cas où les parties qui se prétendraient lésées le voudraient) au gouverneur de cette île; lequel, après les avoir transmis à l'assesseur judiciaire et magistrat de cette colonie, pour prendre son avis et connaître son opinion, donnera sa décision ; dans tous les cas néanmoins, si les parties voulaient se pourvoir par devant S. M. Britannique, en son conseil, elles en auront le droit comme elles l'avaient par le passé à l'égard du tribunal de cassation en France. Toutefois il n'y aura pas lieu au pourvoi par devant S. M. Britannique, dans toutes les matières où les condamnations n'excéderaient pas la valeur de quatre mille piastres.

« 3. — John Shaw, Esquire, bachelier ès lois, licencié et avocat, a été nommé et commissionné assesseur judiciaire et magistrat pour cette île et dépendances.

« 4. — Les plaintes autres que celles pour délits militaires, qui pourront être portées contre les sujets de Sa Majesté Britannique, actuellement dans cette île, ses ports, rades et dépendances, et qui n'étaient pas soumis aux lois de la colonie, seront, jusqu'à nouvel ordre, portées, d'abord par les parties plaignantes, par devant l'assesseur judiciaire et magistrat, lequel les entendra et examinera, et en fera son rapport au gouverneur, qui statuera sur le mérite des dites plaintes.

« 5. — Tous les habitants de cette île peuvent et pourront jouir des mêmes privilèges de commerce dont jouissent et jouiront légalement les autres sujets de Sa Majesté Britannique ; il sera donné connaissance des règles, règlements et restrictions relatifs au commerce, à tous ceux qui en auront besoin ; lesquels ordonnances, règles, règlements et restrictions seront, à cet effet, adressés aux tribunaux, et en outre déposés dans toutes les douanes qui sont et seront établies dans la colonie.

« 6. — Tous les fonctionnaires publics qui étaient ci-devant tenus de faire les divers rapports concernant la partie dont ils étaient chargés, continueront à le faire, de temps à autre, aux chefs des différents quartiers, qui, en les transmettant au gouverneur, le mettront à même de bien connaître la situation de la colonie, ainsi qu'il était d'usage de faire sous le gouvernement français.

« 7. — Quant aux autres parties de l'administration, dont il n'est pas fait mention en la présente, il y sera statué incessamment, et le gouvernement nommera, si besoin est, aux divers emplois, en choisissant les personnes dont les mœurs, le talent et la fidélité seront plus particulièrement connus.

« 8. — Le gouverneur de ces îles recevra en tout temps soit par écrit, soit de vive voix, les justes réclamations que les habitants auront à lui adresser, afin d'y faire droit.

« Enfin, aussitôt la publication des présentes, chaque personne sera tenue de s'y conformer. » — Port-Louis, le 28 décembre 1810. Le gouverneur : Farquhar.

Une troisième proclamation fut placardée et libellée comme suit :

« Proclamation février 1811,

« Au nom de S. M. Georges III, etc.

« Maintenant que la *dernière* des colonies importantes que la France possédait dans ces mers et aux Indes Orientales, est tombée au pouvoir de la Grande-Bretagne ; que le Gouvernement, sous lequel ces îles viennent de passer, est établi sur des bases stables et solides, le gouverneur, pour se conformer aux ordres du très honorable gouverneur général de l'Inde, regarde comme un devoir de faire connaître aux habitants, en général, la nature et la constitution du gouvernement actuel de ces colonies, les droits, les privilèges et les avantages dont ils doivent jouir, chacun dans la classe à laquelle il appartient, en un mot les principes et les règlements d'après lesquels le gouvernement de la Grande-Bretagne se propose de régir ces établissements : tous les habitants, par ce moyen, quel que soit leur état et leur qualité, auront l'assurance que le gouvernement, sous lequel ils doivent vivre désormais, est un gouvernement paternel, fondé sur les bases de la raison, de la justice et de la liberté, et affranchi pour toujours de ce *despotisme odieux*, *sous lequel naguère ils gémissaient*, et dont *les cruels effets étaient d'entraver et de comprimer l'industrie de l'honorable commerçant et du paisible cultivateur* (1).

(1) Toujours la paille et la poutre, l'Angleterre accusant le gouver-

« Déjà il a été déclaré aux habitants que c'est au nom de S. M. Britannique que les îles de France et de Bourbon et leurs dépendances ont été soumises, et qu'elles sont désormais unies au territoire de sa couronne. Il n'est pas moins nécessaire de déclarer aujourd'hui que l'autorité qui doit les gouverner est l'autorité civile ; que le port de Port-Louis, considéré comme chef-lieu, continuera d'être le siège du gouvernement en chef, où le gouverneur exercera sur les îles de France et de Bourbon, ensemble sur tous les autres établissements qui en dépendent, les pouvoirs dont il est investi par le très honorable gouverneur de l'Inde en conseil ; et qu'un lieutenant gouverneur est chargé par le très honorable gouverneur général de l'Inde d'administrer la colonie de Bourbon sous les ordres du gouverneur de ces îles.

« Il importe essentiellement encore de faire connaître que le très honorable Lord Minto, gouverneur général en conseil (de qui le gouverneur de ces îles a reçu les ordres et instructions qui doivent le diriger dans l'administration qui lui est confiée), est investi, sous l'autorité de Sa Majesté et de ses parlements, de la direction générale et immédiate sur toutes ces nouvelles possessions. C'est à cet effet, et pour agir conformément aux ordres qui lui ont été donnés par le gouverneur général, que le gouverneur de ces colonies s'empresse

nement de l'Empire, quand elle était à la veille de faire peser sur les Mauriciens le joug du plus dur et du plus irritant despotisme !

de donner connaissance aux habitants, des principaux articles qui les concernent dans ces instructions, dans la vue de les convaincre de plus en plus, que le gouvernement auquel ils sont soumis est fondé sur le droit de partager les privilèges dont jouissent les autres sujets de Sa Majesté Britannique. »

L'île de France ne fut officiellement cédée à l'Angleterre que par le traité de Paris du 30 mai 1814, dont l'article 8 est ainsi conçu :

« Sa Majesté Britannique, stipulant en son nom personnel et au nom de ses alliés, s'engage à restituer à Sa Majesté très chrétienne, dans le délai qui sera ci-après stipulé, les colonies, pêcheries, factoreries et établissements de toute espèce que possédait la France le 1er janvier 1792, dans les mers et sur les terres continentales d'Amérique, d'Afrique et de l'Asie, à l'exception des îles de Tabago, de Ste-Lucie et de l'île de France et de ses dépendances, spécialement Rodrigues et les Seychelles, toutes possessions que Sa Majesté très chrétienne cède en toute propriété et en toute souveraineté à Sa Majesté Britannique, ainsi que la portion de St-Domingue cédée à la France par le traité de Bâle, et que Sa Majesté très chrétienne restitue en toute propriété et en toute souveraineté à Sa Majesté catholique. »

Après la signature du traité, le gouverneur Farquhar placarda une dernière proclamation, dont voici les termes :

« Proclamation 1815,

« Gouverneur R. T. Farquhar ;

« Attendu que, sur l'ordre, la volonté et le bon plaisir de Sa Majesté, qui m'ont été communiqués sous le sceau de Son Altesse Royale le Prince Régent, au nom de Sa Majesté, l'île Bourbon, ensemble les forts qui la défendent, ont été restitués par moi à Sa Majesté très chrétienne, en conformité du traité de paix signé à Paris le 30 mai 1814.

« Attendu qu'il convient par suite de promulguer de nouveau les lois et règlements divers concernant les relations, le commerce et le bon gouvernement de diverses dépendances de l'île de France, afin que les intéressés puissent en prendre bonne note, et s'y conformer ;

« Et afin qu'il ne puisse pas y avoir de doute que les actes du Parlement pour l'abolition du trafic des esclaves s'étendent aux coins même les plus reculés des possessions et dépendances du Gouvernement de Sa Majesté,.

« Son Excellence le Gouverneur a ordonné, et ordonne par les présentes ce qui suit :

« 1° Toutes les ordonnances, tous les règlements, « toutes les lois du gouvernement général de l'île de « France ayant trait à ses dépendances, spécialement « les arrêtés du capitaine général du 23 mai 1807 et « du 7 avril 1808, concernant Madagascar, continue- « ront à rester en vigueur, sauf toutefois en ce qui con-

« cerne les parties relatives à l'île Bourbon et aux « délégations faites dans ces arrêtés par le capitaine « général à son lieutenant à Bourbon, par suite des « rapports qui ont cessé depuis la restitution de l'île « Bourbon à Sa Majesté très chrétienne, et aussi, sauf « tous règlements, lois ou ordonnances qui seraient con- « traires aux lois de l'Empire pour l'abolition du trafic « des esclaves dans quelque partie que ce soit du do- « maine de Sa Majesté.

« 2° Les habitants des différents archipels, et des « autres îles ou ilots qui dépendent du gouvernement « de l'île de France, continueront à être régis par les « lois, règlements et ordonnances déjà promulgués ou « qui le seront dans l'avenir par le Gouverneur général « de l'île de France. »

En vertu du traité de capitulation du 3 décembre 1810, fait de bonne foi de part et d'autre, et notifié aux annexés par les diverses proclamations du gouverneur Farquhar, l'île de France restait en possession et jouissance de son nom, de sa religion, de sa langue, de ses coutumes, de ses lois et de ses institutions. Détachée de la France, mais demeurant toujours unie à la France par les habitudes nationales et sociales, les souvenirs et les traditions qui avaient été expressément réservés à son profit, elle allait devenir, — *du consentement de l'Angleterre*, — comme une sorte d'île de France idéale, avec le même cœur et le même esprit (1).

(1) Une fois le lien national rompu, le Gouvernement français se dé-

On verra comment l'Angleterre tint parole à des engagements solennellement acceptés par elle, et dont l'exécution était confiée à son honneur et à sa loyauté.

sintéressa à ce point de l'île de France, qu'elle n'y établit un consulat qu'en 1842.

CHAPITRE II

RÉGIME ADMINISTRATIF DE L'ILE MAURICE.

Depuis 1812 (1), l'île de France est devenue l'île Maurice (Mauritius) (2). Un an après la signature du traité de capitulation, l'Angleterre s'est avisée qu'elle ne pouvait maintenir plus longtemps la première dénomination, *parce qu'elle rappelait trop la France.* Cédant à un mauvais sentiment, manquant déjà à ses engagements, et dans le seul espoir de faire oublier la France à ses nouveaux sujets, elle a doté sa nouvelle conquête du nom que les Hollandais, en mémoire de Maurice de Nassau, avaient donné à l'île Cerné, lorsqu'ils y abordèrent en 1598 et y plantèrent leur drapeau (3).

(1) Voir : *Almanach de Maurice* par Garrioch, 1898, p. 32 ; — L. A. Thibaud, *Lois de Maurice sur le notariat*, p. 21.

(2) Si l'on veut bien se reporter à la proclamation du gouverneur publiée le 29 avril 1815, et relatée plus haut, on verra que notre ancienne possession française y est toujours dénommée île de France, bien que depuis 1812 son état civil fût changé. Le gouverneur Farquhar, le plus loyal qu'ait eu l'île Maurice, a pensé sans doute, qu'à raison du peu de temps écoulé depuis les engagements pris par l'Angleterre, il ne convenait pas de consacrer dans un acte officiel la violation si flagrante du pacte de 1810.

(3) L'île de France fut découverte par les Portugais qui l'appelèrent Ilha do Cernes, ou Cerné à cause du grand nombre d'oiseaux pareils à des cygnes dont l'île était peuplée ; Cerné forma le mot Cernéen. En

L'administration générale de l'île Maurice et de ses dépendances est confiée à un Gouverneur nommé par la Métropole. Les pouvoirs du titulaire actuel de cette haute fonction, sir Charles Bruce, sont contenus dans les lettres patentes que lui a délivrées la Reine le 11 mai 1897 et dans les instructions en date du même jour, annexées à la commission dont il est porteur.

Les dépendances de l'île Maurice sont :

1° Rodrigues ;

2° Cargados Carayos ou Saint-Brandon (groupe d'îlots) ;

3° L'archipel Chagos, dont les principales îles sont Diego Garcia, le groupe des six îles de Peros Banhos et de Salomon (on les nomme îles à huile) (1) ;

4° Agalega ;

5° Coetivy ;

6° St-Jean de Nove ou Farquhar (groupe d'îles) ;

7° L'archipel des Seychelles dont l'île principale est Mahé ;

8° L'archipel des Amirautés, dont les îles Poivre sont les plus importantes (2).

1831, il se fonda à l'île de France, sous ce nom, un journal quotidien qui tout dévoué à la cause et aux intérêts français continue, à l'île Maurice, à tenir haut et ferme le drapeau de la France.

(1) Cette appellation provient de ce qu'elles sont plantées de cocotiers, dont le fruit sert à la fabrication de l'huile de coco.

(2) Poivre, savant naturaliste, introduisit les épices à l'île de France, et créa au quartier des Pamplemousses le jardin du Roi, où se trouve le tombeau de Paul et Virginie illustrés par Bernardin de St-Pierre.

Au point de vue administratif, l'île Maurice est divisée en 9 districts : le district de Port-Louis, chef-lieu de l'île, et les districts de Rivière Noire, Plaine Wilhems, Moka, Pamplemousses, Rivière du Rempart, Flacq, Savane et Grand-Port.

Avant d'entrer en fonction, le gouverneur prête le serment d'allégeance devant le chief justice ou tout autre juge de la Cour suprême, et les membres des conseils exécutif et législatif, réunis à cet effet à l'hôtel du gouvernement.

Le gouverneur est le chef du pouvoir exécutif. En cette qualité il a la garde du sceau de la colonie. Il nomme provisoirement à tous les emplois publics et jouit du droit de grâce. Il a le pouvoir de proclamer la loi martiale (ordre royal du 6 novembre 1832), d'étendre aux dépendances, Seychelles, etc. les lois édictées pour Maurice (ord. 14 de 1853), d'autoriser la fondation de sociétés de secours mutuels (ord. 22 de 1894), de faire remise des amendes pour droit d'enregistrement (ord. 13 de 1876), d'expulser tout étranger sans en indiquer la cause (ord. 11 de 1877) (1), de déporter aux Seychelles pour cause politique (ord. 9 de 1877). Le gouverneur n'accorde plus de concessions de terres comme autrefois : les terres qui appartiennent au Gou-

(1) Avant 1877, l'étranger était tenu d'obtenir un certificat de résidence. En supprimant la nécessité de ce certificat, l'ordonnance précitée a maintenu au gouverneur, d'une manière expresse, le droit d'expulsion. Ce régime remonte à l'administration du général Decaen.

vernement sont louées ou vendues aux enchères publiques, sauf celles déclarées inaliénables, comme les « Pas Géométriques » au bord de la mer. Il administre, avec le concours de deux conseils, le conseil exécutif et le conseil législatif.

A côté du gouverneur, dans le conseil exécutif, prennent rang, suivant l'ordre des préséances : le commandant des troupes, le secrétaire colonial, le procureur général, le receveur général, l'auditeur général, et deux membres élus du conseil législatif nommés par le gouverneur.

Le conseil exécutif ne peut procéder à l'examen d'aucune affaire sans une convocation expresse du gouverneur, et la présence de deux membres au moins, non compris le gouverneur, ou celui qui le remplace, en cas d'empêchement.

Les procès-verbaux des délibérations sont envoyés deux fois par an au gouvernement de la Reine.

Le gouverneur est tenu de communiquer au conseil ses instructions, et delui soumettre toutes les questions, sauf dans les cas d'urgence, où il peut agir de sa propre autorité, et sans consulter le conseil, qu'il doit pourtant tenir au courant des résolutions qu'il a prises.

Au gouverneur seul appartient le droit de mettre une affaire en discussion devant le conseil exécutif dont l'avis n'a rien d'obligatoire pour lui, mais quand il est en opposition avec la majorité, il lui est prescrit d'en rendre compte au gouvernement de la Reine.

Le conseil de gouvernement, appelé aussi conseil législatif, discute et vote les lois jugées nécessaires pour le bien de la colonie ; il vote le budget annuel. Sous le chapitre III ci-après, qui sera consacré spécialement au pouvoir législatif à l'île Maurice, nous rendrons compte de la composition de ce conseil et de son mode de fonctionnement.

Sous le nom de Livre Bleu, le gouverneur fait parvenir tous les ans au gouvernement de la Reine un exposé de la situation de la colonie pendant l'année précédente. Ce compte-rendu est divisé en 11 chapitres sous lesquels sont traitées les matières suivantes : 1° Recettes et dépenses ; — 2° Service militaire ; — 3° Travaux publics ; — 4° Législation ; — 5° Services civils ; — 6° Statistique de la population ; — 7° Instruction publique ; — 8° Taux du change ; — 9° Importations et exportations ; — 10° Agriculture ; — 11° Industrie manufacturière.

En tête des fonctionnaires de l'ordre administratif figure le secrétaire colonial, qui est, à proprement parler, le chef du secrétariat du gouverneur. Il centralise les rapports des autres départements avec le gouverneur et entre eux, il centralise également la correspondance. Il est l'intermédiaire entre le gouverneur et les hauts fonctionnaires de la colonie, sauf les évêques anglican et catholique et les juges de la cour, qui correspondent directement avec le gouverneur.

L'auditeur général est le contrôleur et le vérificateur de tous les services administratifs. Il inspecte tout :

paiement, recettes, comptabilité. Il a pour mission de veiller à la stricte exécution des règlements ; aucune partie du service n'est à l'abri de son investigation. Son département s'appelle « Audit office ».

Le receveur général dont l'emploi a été créé par l'ordonnance 17 de 1873 a sous sa direction les services financiers. Il surveille la rentrée des impôts de toute nature, et en fait le versement aux deux banques au moyen de chèques. Il tient les comptes du gouvernement, il s'occupe des billets du Trésor, de la caisse de réserve et des sommes placées en Angleterre ; il a aussi dans ses attributions le service de la caisse d'épargne organisée par l'ordonnance 10 de 1865. C'est lui qui paie tous les employés. Les billets du Trésor sont signés par le receveur général et l'auditeur général.

Le département des travaux publics qui se divise en quatre branches : Engineering and architectural branch (travaux et constructions), — Roads and bridges (routes et ponts), — Survey branch (surveillance de tout ce qui a trait aux terres de la couronne, réserves du domaine, rivières et canaux), — Woods and forests (bois et forêts), a à sa tête un « superintendant of Public works and surveyor general ».

Les droits de douane forment la source la plus considérable des revenus publics ; le chef de cette administration est le « *collector of customs* », directeur des Douanes.

Le bureau de l'enregistrement et des hypothèques

est institué sur le modèle des bureaux français. Les archives de la colonie dépendent de ce bureau. La curatelle aux biens vacants est régie par l'ordonnance 9 de 1890, rendue applicable aux Seychelles le mois suivant.

Le magasinier général, comme son nom l'indique, reçoit et livre, achète et distribue les marchandises, denrées et objets de toute nature dont le gouvernement peut avoir besoin.

L'immigration department est dirigé par le protecteur des Immigrants, un des membres officiels du conseil législatif. Dans la partie de notre travail consacrée à la législation spéciale des immigrants, nous ferons connaître les attributions de ce haut fonctionnaire.

L'administration de l'assistance publique est sous la direction d'un fonctionnaire qu'on appelle commissaire des pauvres (*poor law commissioner*). Ce service a son budget et son personnel distincts. Plusieurs hôpitaux et dispensaires ont été ouverts à Port-Louis et dans les districts. Le commissaire distribue aussi des secours à domicile, et est assisté dans les quartiers par des sous-commissaires.

Le royal college a pour chef un rector. A la tête des écoles élémentaires du gouvernement se trouve un superintendant.

Le medical department est sous les ordres du chief medical officer, président du general board of health (conseil général de santé).

Un inspecteur général dirige le service de la police.

Sous le rapport militaire (1), la garnison de l'île Maurice se compose d'un détachement d'artillerie royale, du génie royal, et d'un bataillon du « King's royal rifle corps » (carabiniers), sous le commandement du major général, Salis Schwabe.

Il est question d'augmenter considérablement cette garnison et d'en porter l'effectif à cinq ou six mille hommes.

On s'apprête à les recevoir. Serait-ce dans le but d'occuper dans un temps prochain la baie de Delagoa que possèdent les Portugais dans l'ouest africain ? Après Fachoda, Delagoa peut-être !

La municipalité de Port-Louis a été établie par l'ord. 16 de 1849 ; sa loi constitutionnelle et organique date de l'ord. 21 de 1851 modifiée successivement par les ord. 37 de 1853, 7 de 1869, 33 de 1875, 23 de 1876.

Le maire est nommé par le gouverneur sur une liste de six noms choisis parmi les conseillers municipaux. Le conseil municipal est élu par les citoyens de Port-Louis justifiant de certaines conditions de revenu. Le budget de la municipalité est à son entière disposition.

Le maire n'est point officier de l'état civil. Ces attributions sont confiées à Port-Louis et dans les autres

(1) Les dépenses militaires pour l'île Maurice se sont élevées en 1897 à 1.597.650 fr. dont 506.250 fr. à la charge de la colonie.

districts à un fonctionnaire qui porte le titre d'officier de l'état civil, officer of the civil status.

Le budget des dépenses annuelles s'est élevé pour 1896 à 8.544.736 roupies 20 (1). Huit cent dix fonctionnaires émargent à ce budget. Les traitements varient de 300 à 50.000 roupies. Le gouverneur reçoit bien entendu la plus grosse allocation. Après lui, en descendant les degrés de l'échelle des traitements, nous trouvons :

1° Le chef juge avec un traitement de	17.500 R.
2° Le secrétaire colonial.	13.500 »
3° Le procureur général.	13.500 »
4° Chacun des 3 juges de la Cour. . .	12.000 »
5° L'auditeur général	10.000 »
6° Le protecteur des immigrants. . .	9.000 »

Les copistes sont les agents du gouvernement qui touchent le plus petit traitement, 300 R. annuellement.

Depuis la conquête, les rapports entre gouvernants et gouvernés avaient lieu en langue française, en con-

(1) Aux termes d'un ordre pris par la Reine en conseil le 12 août 1876, la roupie de l'Inde (rupee) constitue l'unique monnaie légale ayant cours à Maurice. La valeur nominale de la roupie est de 2 fr. 50, mais à raison de la baisse de l'argent, sa valeur réelle n'est que de 1 fr. 60. A ce taux-là, la roupie représente encore 60 0/0 de plus que sa valeur intrinsèque qui n'est actuellement que de 1 fr. environ. Cette différence de prix entre la roupie (monnaie) et la roupie (métal) provient de la suspension de la frappe dans les hôtels des monnaies de l'Inde, la quantité de monnaie en circulation se trouvant limitée et au lieu d'augmenter ne pouvant que diminuer, par suite de perte, d'usure ou de transformation en bijoux dont les Indiens ont la passion.

formité du traité de capitulation. Tous les actes et documents administratifs et officiels étaient *rédigés en français*, avec traduction anglaise en regard. En 1832, l'Angleterre jugea sans doute qu'elle avait fait assez crédit aux annexés, et qu'en 22 ans, ils avaient eu le temps plus que suffisant de se convertir aux coutumes anglaises, ou tout au moins d'apprendre et de parler l'anglais.

Un dispatch ou communiqué fut adressé, le 28 novembre de cette même année, par l'honorable secrétaire d'Etat aux colonies, à Son Excellence le gouverneur de l'île Maurice, le major général Sir W. Nicolay, qui, sous forme de *government notice*, ou de décret, en fit la publication dans la *Gazette officielle* du gouvernement le 21 juin 1833, de la manière suivante :

« L'honorable secrétaire d'Etat aux colonies a ordonné à Son Excellence le gouverneur, par le dispatch n° 25, daté du 28 novembre 1832, que tous les documents officiels adressés à Son Altesse, devraient, à l'avenir, être écrits en anglais seulement. Et Son Excellence a prescrit d'en donner avis officiel à qui il appartiendra, pour qu'on s'y conforme.

« Son Altesse le secrétaire d'Etat ajoute qu'il est persuadé qu'un pareil changement ne peut être effectué *sans quelque inconvénient*, mais attendu qu'il est évident que ce changement *doit avoir lieu tôt ou tard*, et comme il est d'avis qu'il est *grandement temps* que la nécessité *d'étudier la langue nationale* apparaisse aux colons en général, et spécialement aux fonctionnaires du gouvernement, il ne voit aucune raison pour surseoir à une pareille mesure.

« En exécution de ce communiqué, S. E. le gouverneur a prescrit qu'ordre fût donné de ne nommer à un emploi quelconque du gouvernement que des personnes capables de parler et d'écrire en anglais, sauf circonstances exceptionnelles. »

« Par ordre de S. E. le gouverneur.

« Signé, Géo Dick,

« *Secrétaire colonial.* »

Cette mesure était de mauvais augure pour l'avenir. Suivant l'expression imagée des nègres quand ils parlaient de leur esclavage, « *li temps margoz* (1) », à la veille de finir pour eux, allait commencer pour les Mauriciens. Elles étaient bien oubliées les belles promesses des Anglais, lorsque, sans façon, ils s'installèrent en 1810 à l'île de France, parce qu'elle possédait un excellent port de relâche et de ravitaillement !

« Les Anglais sont venus pour établir une *ferme et perpétuelle amitié* avec les habitants de l'île de France qui *trouveront à vendre leurs denrées à d'excellentes conditions* et qui jouiront de *tous les avantages de commerce* comme tous les autres sujets de Sa Majesté. »

Nous rendrons cette justice à l'Angleterre. Avec la coopération active, intelligente et persévérante des

(1) Le margoz est un légume d'une extrême amertume.

Mauriciens, elle a donné à l'île Maurice la richesse et la prospérité.

L'île Maurice, dont le périmètre est de 25 lieues (1) est, on le sait, une colonie sucrière. Le sucre de canne est presque son seul produit. En 1896 elle a exporté 153.575.415 kilogs de sucre, représentant une valeur de 28.165.731 roupies, soit en monnaie française, 45.065.169 fr. 60.

Les autres produits exportés la même année se décomposent ainsi :

1° Rhum pour une valeur de. . .	259.600 R.
2° Vanille.	123.038 »
3° Fibres d'aloès	263.459 »
4° Mélasse	443.943 »
5° Huile de coco.	29.050 »
6° Peaux brutes.	25.538 »

Le budget de l'île Maurice en 1896 a été :

1° en revenus de	8.849.181 R. 48
2° en dépenses, de	8.544.736 R. 20
Soit un excédent de recettes de. .	304.445 R. 28

C'est là une situation presque florissante, mais elle a changé avec la crise aiguë qui sévit sur le sucre et qui est due à l'avilissement de cette denrée par suite de surproduction.

Il ne dépendrait que de l'Angleterre, — moins égoïste, — de conjurer cette crise, ou du moins d'en atténuer

(1) La population de l'île Maurice, d'après le dernier recensement, est de 377.856 âmes.

les effets en ce qui concerne ses colonies sucrières. L'Angleterre ne produit pas de sucre de betterave, comme la France, l'Allemagne, l'Autriche et la Belgique, et elle est, en Europe, le pays qui consomme le plus de sucre. En grevant à l'entrée d'un léger droit les sucres exotiques ou étrangers, elle ferait hausser, dans la même proportion, les sucres de ses colonies, et permettrait à ceux-ci de se vendre à un prix rémunérateur. Malheureusement le free-trade ou libre échange empêche l'Angleterre de recourir à cet expédient temporaire dans l'intérêt de ses colonies. Il est vrai qu'en la circonstance, le libre échange rend à l'Angleterre les plus éminents services, et confère à ses nationaux les avantages les plus appréciables. Le sucre se vend dans le Royaume-Uni au-dessous du prix de revient, les consommateurs l'achètent au détail moyennant 0 fr. 20 la livre, tandis que, dans les pays producteurs, le prix en est de 0 fr. 55 au minimum. C'est là une puissante considération pour ne pas faire infidélité au libre échange, auquel les Anglais sont redevables de pouvoir sucrer davantage leur thé et leur café (1).

(1) L'Angleterre ne veut pas voir que si elle s'enrichit d'un côté, elle s'appauvrit de l'autre, en s'exposant à ruiner une grande industrie naguère en pleine prospérité, et qui a conquis sur les champs de bataille de la paix ses titres de noblesse. A l'Exposition universelle de 1878, la médaille d'or pour les sucres coloniaux fut décernée au propriétaire du domaine mauricien de Trianon, M. Emile Harel, qui reçut en outre la croix de chevalier de la Légion d'honneur.

Si l'on se place à un autre point de vue que l'intérêt, ce self interest si cher à nos voisins, l'Angleterre, que nous voulons croire susceptible

Mais parce qu'elle avait développé à l'île Maurice la production et le mouvement des affaires, parce qu'elle y avait singulièrement facilité les échanges, parce qu'elle avait fait, disons le mot, gagner de l'argent aux Mauriciens, comment l'Angleterre si clairvoyante et si pratique a-t-elle pu croire que tous ces avantages matériels leur feraient oublier la France, et préférer la langue *nationale* à leur langue maternelle? Elle a peut-être dévié du droit chemin précisément à cause de son esprit trop pratique et trop enclin à généraliser cette doctrine que c'est par le commerce et par l'enrichissement, que l'on conquiert les âmes des individus et des peuples, et qu'on en fait des sujets britanniques (1).

d'un généreux sentiment pour ses colonies sucrières, ne se doit-elle pas à elle-même de réparer une faute involontaire? C'est elle qui a engendré la concurrence dont souffre si cruellement l'industrie sucrière d'outre-mer qui formait jadis un monopole colonial. Au début du siècle, la France n'aurait jamais songé à extraire du sucre de la betterave, si, pendant la longue guerre que lui fit l'Angleterre, elle n'eût pas complètement manqué de sucre.

(1) On connaît la recommandation que fait l'Ecossais à son fils, quand il part pour tenter fortune aux colonies : « make money, my son, *honestly*, il you can, but make money. Gagne de l'argent, mon fils, *honnêtement*, si tu peux, mais gagne de l'argent ». La politique de l'Angleterre, — la fin justifie les moyens, — déteint sur ses sujets qui enseignent la même morale à leurs fils.

CHAPITRE III

MODE DE FORMATION, DE PROMULGATION ET DE PUBLICATION DES LOIS.

Pour la préparation, la discussion et le vote des lois, il existe à l'île Maurice une sorte de parlement connu sous le nom de conseil du gouvernement, et aussi de conseil législatif.

La création en remonte au 20 juillet 1831.

Font partie de droit de ce conseil les huit plus éminents fonctionnaires de la colonie, savoir : 1° le secrétaire colonial, lieutenant gouverneur, 2° le colonel commandant des troupes, 3° le procureur général, 4° le receveur général des finances, 5° le contrôleur général, 6° le collecteur des douanes, 7° le protecteur des immigrants (Indiens qui ont contracté un engagement pour l'île Maurice en qualité de laboureurs), 8° le directeur des travaux publics. Ils portent le titre de membres officiels, « official members of the council of government ».

Le gouverneur nomme en outre comme inofficiels ou « nominees » (1) : 1° quatre membres qu'il choisit parmi

(1) Les membres nommés peuvent être suspendus par le gouverneur à charge d'en référer à la Reine.

les hauts fonctionnaires de la colonie, ce sont le chef du service médical, le substitut du procureur général, le conservateur des hypothèques et le commissaire des pauvres ; 2° et cinq membres qu'il prend parmi les notables de la communauté mauricienne (1). Enfin, dix membres sont élus au suffrage restreint (2), soit deux pour le district de Port-Louis, chef-lieu de l'île, et un pour chacun des huit autres districts de l'île.

Pour être électeur il faut :

1° Avoir 21 ans révolus ;

2° N'être frappé d'aucune incapacité légale et jouir de ses droits civils ;

3° Etre Mauricien ou naturalisé Mauricien ;

4° Avoir résidé dans la colonie au moins pendant 3 ans, au moment de son inscription sur la liste électorale ;

5° Satisfaire aux conditions du cens, c'est-à-dire jouir d'un revenu minimum annuel de 300 roupies.

Pour être éligible, il faut réunir les mêmes conditions.

N'est pas éligible, toute personne :

1° Qui occupe une fonction payée par le gouvernement, ou par la municipalité de Port-Louis ;

2° Qui est ministre de la religion ;

(1) La nomination de ces derniers doit être confirmée par le secrétaire d'Etat colonial.

(2) Lettres patentes de la Reine en date du 16 septembre 1885 et ordonnance n° 6 de 1889.

3° Qui est chargée des élections dans le district où elle est candidat.

Le conseil se compose au total de 28 membres, 9 officiels, 9 nommés par le gouvernement et 10 élus.

Chaque membre du conseil législatif a le droit de provoquer la mise en discussion d'une affaire quelconque. Après débat, les questions sont tranchées à la majorité des voix ; en cas de partage, le gouverneur a voix prépondérante, c'est ce qu'on appelle le *casting vote.*

Le pouvoir législatif du conseil s'étend à l'ensemble des intérêts locaux et comprend même, d'après l'ordonnance du 22 février 1845, le droit de faire réviser la charte de justice du 13 avril 1831. Le gouverneur, aux termes des instructions qui lui sont octroyées par la Reine, peut, avec le consentement du conseil, édicter des lois pour le maintien de l'ordre et de la paix publique, ainsi que pour le bien de la colonie. Le conseil est divisé en cinq commissions permanentes, finances, immigration, législation, arriérés de taxes, eaux et forêts.

Il existe certaines matières qui ne sont pas du domaine des délibérations du conseil. Ainsi, il ne peut légiférer sur les questions ayant trait : 1° à la création de banques, ou à la révision de leurs statuts ; 2° aux traités de commerce ; 3° à la discipline et à l'administration des forces de terre et de mer.

Les membres du conseil ont le titre d'honorables (G. N. du 19 août 1826).

Les lois faites par le conseil portent le nom d'ordonnances, *ordinances*. Le protocole des ordonnances est ainsi libellé : *ordinance enacted by the governor of Mauritius, with the advice and consent of the council of government thereof*.

Les ordonnances sont signées par le gouverneur et le secrétaire colonial. Elles sont déposées à la Cour suprême. Chaque ordonnance est désignée par un numéro à partir du n° 1 et le millésime ; une nouvelle série recommence tous les ans.

Elles ne sont exécutoires qu'après approbation de la Reine. Le gouverneur a cependant le droit de rendre exécutoires les ordonnances à titre provisoire, et avant d'avoir obtenu cette approbation.

Dans les instructions royales que la métropole adressait au gouverneur de 1825 à 1863, il était toujours stipulé « que toute ordonnance qui n'aurait pas été approuvée par le bon plaisir de Sa Majesté dans un délai de 3 ans serait considérée comme ayant cessé d'avoir force de loi », mais depuis 1863 les instructions royales octroyées aux gouverneurs ne contiennent plus la susdite réserve, de telle sorte que l'existence légale de ces ordonnances n'est plus subordonnée à la condition qu'elles devraient être bien et dûment confirmées.

La promulgation des ordonnances est faite par une proclamation du gouverneur dans le *Journal officiel* de Port-Louis, *the Mauritius Government Gazette*.

Le gouverneur rend des décrets qui, suivant le cas,

portent le nom de Proclamations (proclamations) ou d'avis du gouvernement (government notices).

Enfin dans certaines circonstances, la loi en vigueur à l'île Maurice émane d'ordres pris par la Reine en conseil (royal orders in council) ou d'actes du Parlement (acts of Parliament).

Depuis le 25 février 1841, en exécution d'une ordonnance royale prise en conseil, les lois sont discutées, votées et rédigées en langue anglaise seulement, au lieu d'être promulguées comme autrefois en français et en anglais. Nous donnons *in extenso* la copie de cet ordre royal :

« Ordre royal en conseil du 25 février 1841.

Présents :

Sa très excellente Majesté la Reine.

Son Altesse Royale le Prince Albert, etc.

Attendu qu'à l'île Maurice, les ordonnances du gouverneur et du conseil, et les proclamations du gouverneur en fonctions, et les autres actes et avis publics du gouvernement exécutif ont ordinairement été promulgués tant en anglais qu'en français, et que *des doutes se sont élevés sur la question de savoir* si, en pareil cas, le texte anglais ou français de ces ordonnances, proclamations, actes ou avis, *devait être considéré comme original authentique* ; il est par ces présentes ordonné et déclaré *dans le but de prévenir de semblables doutes*, par Sa très excellente Majesté la Reine, de l'avis de son conseil privé, que toutes les ordonnances du gouverneur et du conseil de l'île Maurice, et toutes les proclamations du gouverneur en fonctions de la dite île, ainsi que tous les actes ou avis publics du gouvernement exécutif de la dite île, seront *à l'avenir faits et promulgués en langue anglaise seulement*, et que toutes versions en langue française des dites ordonnances, etc., qui seraient publiées par le gouvernement exécutif de la dite île, pour l'information des habitants, seraient considérées comme traductions seulement, et non comme documents originaux, et que pour l'administration des lois en la dite île, tous tribunaux, juges, juges de paix, etc., seront tenus de se référer aux textes anglais des dites ordonnances, etc.

Et le très honorable John Russell, l'un des principaux secrétaires d'Etat de Sa Majesté, donnera à cet effet les instructions nécessaires. »

Il n'y a que le premier pas qui coûte. Après avoir *gratté* le nom de la France sur le fronton de l'île de France, l'Angleterre osa porter la main sur la langue de la France. Funeste inspiration ! Cet abus de la force pour violer encore une fois et fouler aux pieds les droits des vaincus, diplomatiquement reconnus et consacrés par l'Angleterre, ne servit qu'à rendre la langue française indéracinable à l'île Maurice.

Depuis la constitution de septembre 1885, Maurice se trouve dans la situation de la colonie de Natal, où la chambre législative est en partie élue et en partie nommée par le gouvernement.

Il est intéressant d'indiquer les phases diverses traversées par l'île Maurice, avant d'atteindre à ce point culminant.

Jusqu'en 1831, le gouverneur était omnipotent, et faisait seul les lois.

A partir de cette époque, un conseil législatif fut créé à côté du gouverneur.

A l'origine, ce conseil se composait uniquement de membres officiels, c'est-à-dire des hauts fonctionnaires du gouvernement qui en étaient membres de droit.

Plus tard, aux membres officiels furent adjoints des membres inofficiels ou *nominees* au nombre de neuf.

De ces derniers, 4 étaient choisis par le gouverneur parmi les hauts fonctionnaires de la colonie, et 5 étaient pris par lui parmi les notables de la communauté mauricienne.

On comprend qu'à moins de perdre leur emploi, les officiels (fonctionnaires) étaient tenus de voter toujours avec le gouverneur, et que les inofficiels (notables mauriciens) étant les obligés du gouverneur, pouvaient n'avoir pas tous la complète indépendance de leur vote.

L'élection est venue apporter au conseil législatif un élément absolument indépendant. Depuis 1885, le gouverneur n'est plus sûr de la majorité au conseil, l'élément local étant supérieur de 2 voix à l'élément gouvernemental.

CHAPITRE IV

ÉTAT DES LOIS EN VIGUEUR ET LÉGISLATION GÉNÉRALE.

Il existe à l'île Maurice trois codes connus sous le nom de : 1° Code Delaleu ; 2° Code Decaen ; 3° Code Farquhar.

Delaleu, jurisconsulte français qui occupa à l'île de France le poste de Directeur général des douanes, et fut président du conseil supérieur de la colonie, fit imprimer et publier les lois parues de 1715 à 1787.

Ce recueil contient notamment le fameux édit de juin 1776 qui prescrivait l'envoi en France des doubles minutes des actes de l'état civil, des actes notariés, etc.

Le dépôt de ces minutes, qui se trouvait autrefois à Versailles, puis au ministère de la marine et des colonies, a été transféré depuis au ministère des colonies.

Le capitaine général Decaen réunit toutes les lois promulguées de 1787 à 1810.

Les lois mises en vigueur de 1810 à 1825 composent le 3e code, auquel Farquhar, gouverneur de l'île Maurice, a donné son nom.

Ces 3 codes forment les 3 premiers volumes de la collection des lois promulguées à Maurice jusqu'en 1865, et dont la publication est due à M. John Rouillard, savant magistrat créole, décédé en 1897, collection qui a été remaniée et continuée jusqu'en 1896 par M. Pigott, procureur général près la Cour suprême de Port-Louis.

Le Code civil, nos Codes de procédure et de commerce ont force de loi à l'île Maurice, sauf certaines modifications. Nous réservons pour une autre partie de notre travail l'exposé et l'étude des changements introduits dans le Code civil. Nous ne nous occuperons ici que des autres branches de la législation.

Le Code de procédure civile a été modifié par les ordonnances n°s 19 de 1868, 15 et 30 de 1871, 8 de 1872, et 15 de 1881.

Une ordonnance, prise en conseil royal le 13 avril 1831, connue sous le nom de Charter of Justice, avait annoncé la promulgation d'un code criminel, calqué sur la législation anglaise, et approprié aux besoins de la société mauricienne. Cette promesse fut réalisée par l'ordonnance du 16 novembre 1831 qui mit en vigueur le nouveau Code d'instruction criminelle. La procédure en cour d'assises a été réglementée par l'ordonnance n° 29 de 1853.

Le Code pénal est contenu dans l'ordonnance n° 6 de 1838.

L'institution du jury en matière criminelle a été établie par l'ordonnance n° 10 de 1850.

En vertu de l'ordonnance n° 18 de 1882, les condamnés à la peine de mort sont exécutés à l'intérieur de la prison.

La peine appliquée est la pendaison.

On sait que l'esclavage existait autrefois à l'île Maurice, comme dans les autres colonies anglaises et françaises.

Le décret d'émancipation des esclaves (*slave abolition act*) fut rendu le 17 septembre 1834, et mis à exécution à Maurice le 1er avril 1836.

Nous ne pouvons ne pas consacrer ici quelques lignes aux événements qui de 1834 à 1836 passionnèrent si vivement la colonie.

La Métropole avait envoyé à Maurice un procureur général du nom de Jérémie. Hostile aux colons, ce dernier mit tout en œuvre pour que la libération des esclaves eût lieu sans indemnité pour les propriétaires. Menacés de la ruine, ceux-ci chargèrent Adrien d'Epinay, qui était avocat à la Cour d'appel, de soutenir leurs droits, auprès du gouvernement métropolitain. Une souscription pour subvenir à ses frais de voyage fut ouverte, et promptement réalisée. D'Epinay partit pour l'Angleterre. Doué d'un caractère énergique et opiniâtre, et d'une rare éloquence, il était bien l'homme désigné pour la défense des grandes causes. Lors de son arrivée à Londres, une vigoureuse campagne était menée contre les colons par l'*African Society*, et par l'*Antislavery Society*, qui les combattaient avec les armes fournies secrètement par Jérémie. Sous une apparence humanitaire et désintéressée, ces deux associations travaillaient à la réalisation d'un plan financier, savamment mûri et machiné. Il s'agissait de déprécier les propriétés exploitées par les colons, d'amener ceux-ci par le découragement à s'en défaire, et de s'en rendre acquéreur à vil prix. L'Angleterre, qui n'avait pu réussir à s'assimiler l'île de France, y substituait du même coup à l'élément français, rebelle et tenace, l'élément anglais. Adrien d'Epinay démasqua la manœuvre et la spéculation, dénonça les banquiers engagés dans l'opération, et fit échouer le complot. La lutte fut longue, mais d'Epinay finit par triompher de ses puissants adversaires. L'indemnité légitimement due aux colons fut votée en 1836, et ceux-ci en touchèrent le montant en 1839.

Pour cette œuvre de justice et de réparation, Adrien d'Epinay eut, à l'île Maurice, le soutien et le concours dévoué de son frère Prosper d'Epinay, qui succéda à Jérémie, comme procureur général, lors du rappel de ce dernier. C'est Prosper d'Epinay qui, le 1er avril 1836, proclama l'affranchissement des esclaves (1).

Une fois l'esclavage supprimé (2), les Indiens ou coo-

(1) La statue d'Adrien d'Epinay, témoignage d'éternelle reconnaissance des Mauriciens à sa mémoire, est au jardin de la Compagnie, en face de l'Institut des arts et sciences. Elle est l'œuvre de son fils, Prosper d'Epinay, le statuaire bien connu. Non loin, sur la place d'Armes, en face du port, près de l'endroit appelé « le Chien de plomb » se dresse la statue du célèbre Mahé de la Bourdonnais.

(2) Sauf de rares exceptions, l'esclavage, à l'île Maurice, ne fut pas une condition bien dure pour les nègres. Aussi l'affranchissement causa à la plupart d'entre eux une amère déception ! Ils se persuadaient que devenus libres, ils n'auraient plus à travailler, et que le gouvernement subviendrait à tous leurs besoins. On rapporte ce propos tenu, par une vieille négresse, à Prosper d'Epinay, le procureur général, qui venait

lies immigrants furent substitués aux nègres à l'île Maurice comme travailleurs et laboureurs. Ceux-ci sont seuls employés aujourd'hui à la culture de la canne à sucre.

Depuis 1879, l'exploitation des propriétés sucrières par l'association a remplacé, dans la plus grande partie de l'île, le régime individuel, qui existait auparavant. La première société anonyme, ayant pour objet l'achat de domaines ruraux, leur culture et la fabrication du sucre, a été constituée le 1er juillet de cette année. Les dispositions de notre loi de 1867, sur les sociétés, n'ont pas été adoptées à l'île Maurice. La société anonyme est telle que la faisait notre Code de commerce. Pour lui donner l'existence légale, il faut une autorisation du pouvoir exécutif. Le gouverneur rend en conseil une ordonnance approuvant les statuts de la nouvelle société, elle est dite *incorporated*. Cette transformation dans le mode d'exploitation a coïncidé avec l'introduction de grandes sociétés financières, telles que le Crédit foncier (the Credit foncier of Mauritius) et le Crédit agricole (the agricultural Cy).

Quelles ont été les conséquences économiques de ce nouvel état de choses. Il est difficile de les apprécier, à cause de la crise qui sévit sur le sucre depuis plusieurs

de la libérer : « Ça liberté, missié d'Epinay, ene posson d'avril ! » « Vous appelez cela la liberté, Monsieur d'Epinay, mais c'est un poisson d'avril ! » La liberté n'est peut-être qu'une question de latitude. On remarquera que son affranchissement avait eu lieu le premier avril.

années. L'avenir seul dira s'il en est résulté un bien ou un mal.

Quoi qu'il en soit, de même que l'immigration indienne, succédant à l'esclavage, est un point lumineux dans l'histoire de l'île Maurice, de même la création de sociétés anonymes, pour exploiter les propriétés sucrières, c'est-à-dire la réunion d'énormes capitaux, et la mobilisation de la propriété immobilière, laissera sa marque, et constituera une date dans la vie industrielle de cette colonie.

Le propriétaire sucrier est à la fois cultivateur et industriel ; il plante la canne et la transforme en sucre dans son usine. Ce mode d'exploitation comporte de grandes propriétés ayant des frais généraux considérables. L'exploitant est à la merci d'une ou de deux mauvaises récoltes. Les risques sont donc bien grands, de là, le nombre important de propriétés exploitées aujourd'hui sous forme de sociétés anonymes.

Depuis quelques années, la propriété s'est beaucoup développée à l'île Maurice par le morcellement de plusieurs grandes exploitations ruinées par la concurrence chaque jour croissante du sucre de betterave (1).

(1) Grâce au régime des primes à la sortie, les sucres allemands sont aujourd'hui importés dans l'Inde. Ce marché était jadis réservé exclusivement aux sucres de Maurice, les raffinés étant frappés d'interdit par le préjugé religieux musulman, qui se refusait à consommer des aliments contenant du sang de bœuf ou du noir animal. Mais ce préjugé a fini par capituler devant le bon marché.

L'Allemagne produit à meilleur compte que l'île Maurice où l'on tra-

Des Indiens fixés à demeure dans la colonie, à l'expiration de leur contrat d'engagement, deviennent propriétaires de ces terrains morcelés, s'y livrent à la culture de la canne, et vendent leur récolte à l'usine voisine qui devient ainsi une manière d'usine centrale où se fabrique le sucre. C'est peut-être sous cette forme et par cette division du travail, agriculture d'un côté, industrie de l'autre, que la canne à sucre pourra continuer à l'île Maurice la lutte contre la betterave.

Enfin, signalons l'ordonnance de 1898, réglementant les clauses et conditions d'un prêt de 200.000 £ fait par la métropole aux propriétaires de plantations à Maurice ; mais le moindre grain de mil, sous la forme d'un droit protecteur du sucre de canne dans le Royaume-Uni, serait mieux l'affaire de l'île Maurice à l'heure actuelle.

vaille pourtant avec la plus rigoureuse économie. Il est vrai que son prix de revient se trouve diminué du montant de la prime qu'elle touche quand elle exporte, ce qui lui permet, même avec le fret de Hambourg à Bombay, de faire concurrence aux sucres de provenance coloniale. Le change qui depuis plusieurs années est fort élevé (60 à 65 0/0) défend seul le marché mauricien. Pour le retour de ses capitaux, l'Allemagne est obligée d'augmenter son prix de vente du change de l'argent, ce qui n'a pas lieu pour l'île Maurice. Mais dès que le change baisse, comme cela est arrivé cette année, l'Allemagne inonde l'Inde de ses sucres cristallisés, et le produit similaire mauricien se vend mal et est déprécié.

CHAPITRE V

ORGANISATION JUDICIAIRE.

L'ordre royal du 13 avril 1831, publié le 16 août de la même année, contient la charte de justice octroyée à l'île Maurice par l'Angleterre.

Le droit d'amender cette charte a été conféré aux autorités locales compétentes par l'ordre royal du 26 février 1845. C'est en vertu de ce pouvoir que l'ordonnance 2 de 1850 a aboli le premier degré de juridiction établi par l'édit du mois d'octobre 1771. Le tribunal de 1re instance n'existe plus.

Aujourd'hui la justice est rendue par la Cour suprême (supreme court) et par 9 cours de district (district courts). La colonie étant divisée, au point de vue administratif, en 9 districts, il y a, par suite, une cour de district (district court) dans chaque district.

Cour suprême. — La Cour suprême a son siège à Port-Louis. Elle se compose : 1° du chef juge (chief justice); 2° de 3 juges puînés ; 3° et d'un master, dont nous indiquerons plus loin les attributions.

Les pouvoirs des juges sont les mêmes.

La Cour siège : 1° avec 2 juges pour les affaires civiles au-dessous de 5.000 roupies, les appels des jugements des magistrats de district, du juge des Seychelles, du master, et des taxes du greffier, les affaires sommaires ou par défaut ; 2° avec trois juges pour les affaires au-dessus de 5.000 roupies, les points de droit réservés par le président des assises, et toutes les fois que les deux avocats d'une affaire déclarent, sous leur responsabilité professionnelle, qu'elle est d'une nature exceptionnelle et peut donner lieu à une différence d'opinion entre les deux juges qui siègent. En fait, depuis quelques années, la Cour siège plus souvent avec 3 qu'avec 2 juges.

En matière civile, les jugements sont rendus, soit par l'un seulement des juges, soit par chacun d'eux, en ce qui concerne les considérants. Le dispositif seul est inséré par le greffier dans le jugement ; les considérants, quand le jugement est rendu par écrit, restent au dossier de l'affaire au greffe ; s'il est rendu verbalement, le sténographe de la Cour en dépose une copie au greffe. Lorsque l'affaire est sujette à appel au conseil privé de la Reine, les considérants doivent être écrits et signés par les juges.

Le juge qui est de chambre (1) a les mêmes pouvoirs que le président des Référés au Palais de justice en France ; il a même des pouvoirs plus étendus en certaines matières qui ne sont que de la compétence du tribunal en France, sauf appel à la Cour.

Les enquêtes se font en audience publique, devant tous les juges qui doivent connaître de l'affaire.

(1) C'est-à-dire, le juge unique, qui rend la justice à la Cour, mais sur des matières sommaires.

En matière civile, la Cour a le droit d'évoquer les affaires qui sont de la compétence des magistrats de district, par la procédure dite *certiorari*, et les faire plaider devant elle, mais elle ne le fait que pour des raisons très sérieuses.

En matière criminelle, elle a le même droit, mais elle ne siège généralement que dans les affaires qui sont du ressort de la Cour d'assises.

La Cour d'assises est composée d'un des juges de la Cour, président, et de 9 jurés. Une majorité de 7 jurés est nécessaire pour obtenir un verdict.

Après la lecture de l'acte d'accusation qui est très court, l'accusé déclare s'il est coupable ou non coupable.

S'il admet sa culpabilité, le juge entend ce que son avocat a à plaider pour obtenir que sa peine soit réduite, prend le dossier de l'enquête préliminaire pour le lire en chambre, puis prononce la sentence généralement le même jour.

Si l'accusé se déclare non coupable, on procède au tirage au sort des jurés sur une liste de 40 ; l'accusé a le droit d'en récuser 7, et le ministère public un nombre égal quand le greffier les appelle pour prêter serment. Une fois sur leurs bancs, les jurés choisissent leur foreman ou président ; le greffier leur lit alors l'acte d'accusation, puis le ministère public leur explique l'affaire en quelques mots, et fait entendre les témoins à charge; s'il y a des témoins à décharge, l'avocat de l'accusé les interroge, et les fait entendre, puis il plaide, le ministère public réplique, le juge fait le résumé des débats, le jury se retire ensuite pour délibérer. L'accusé n'est jamais interrogé sur les faits de l'affaire.

Les circonstances atténuantes ne sont pas admises avec l'effet légal qu'elles produisent d'après notre législation criminelle et pénale : le jury, après avoir déclaré l'accusé coupable, peut le recommander à la clémence de la Cour, mais celle-ci n'est point liée par cette recommandation. Si elle juge qu'il y a lieu d'en tenir compte, elle atténue la sévérité de sa sentence, dans la mesure permise par la loi. En cas de crime et d'assassinat, lorsque le verdict est affirmatif la Cour transmet la recommandation du jury au gouverneur qui, en conseil exécutif, a seul le droit de commuer la peine de mort prononcée contre l'accusé en travaux forcés à perpétuité.

Cette procédure criminelle a été empruntée à l'Angleterre et ne diffère de celle qui existe dans la métropole que sous les deux points suivants :

1° Le prévenu en Angleterre est successivement interrogé par l'accusation et par la défense, tandis qu'à l'île Maurice, il n'est jamais interrogé sur les faits de l'affaire.

2° Le juge en Angleterre a un pouvoir sans limite, pour l'application de la peine, sauf pour la peine de mort. Il peut ainsi remplacer la réclusion ou servitude pénale par un emprisonnement avec ou sans travail forcé, et réduire cet emprisonnement à 2 jours ou même à un seul. A Maurice, le juge est tenu d'appliquer la peine qu'édicte l'article du Code.

La Cour suprême a toute l'autorité, la juridiction et les pouvoirs exercés par la Cour du Banc de la Reine (queen's beuch) ; elle est en même temps une cour d'équité fonctionnant dans tous les cas où la loi écrite de Maurice n'offre pas de remède légal.

Les juges de la Cour peuvent faire tous les règlements relatifs à la procédure et aux conditions d'admission des avocats et avoués (ordre en conseil du 23 février 1836).

Le greffier a la garde de tous les dossiers civils et criminels, et il tient la plume, soit par lui-même, soit par des commis-greffiers, rédige les actes d'exécution, surveille tout ce qui est relatif à la tenue des assises, aux jurés, aux assignations de témoins, aux copies de pièces ; il taxe les états de frais sauf appel.

Le Conseil privé de la Reine en Angleterre juge en appel les arrêts de la Cour suprême, mais cet appel ne peut avoir lieu que pour les litiges excédant 10.000 roupies.

Le bureau du Master est une dépendance de la Cour suprême. Il est le juge-commissaire des ordres ou contributions, il préside les ventes judiciaires, tient les conseils de famille ; c'est devant lui que la Cour renvoie les procédures en interdiction, les enquêtes, les redditions de compte, les ouvertures de testament, les envois en possession et toutes les opérations de comptabilité.

Il est le juge des faillites et cessions de biens en première instance. Auprès de lui existe un accountant ou syndic, dont les fonctions correspondent, avec quelques modifications, à celles de nos syndics de faillite.

Le procureur général, membre du conseil exécutif et du conseil législatif, est une sorte de ministre de la justice. Il rédige les projets de lois, poursuit les criminels, donne des conclusions écrites dans les affaires où sont intéressés les mineurs. Il est investi d'un droit de discipline sur les officiers ministériels. Un substitut l'aide dans ses multiples fonctions.

Le *crown solicitor* est l'avoué au criminel du gouvernement, il agit d'après les ordres du procureur général. Tout ce qui a trait à la poursuite des criminels devant la Cour d'assises relève de son autorité.

Tout récemment, il a été créé des *crown prosecutors* chargés spécialement des fonctions du ministère public au criminel près les cours de district.

A la Cour suprême et devant les autres cours de justice, procédure, plaidoiries, jugement, tout a lieu en langue anglaise, en exécution de l'ordre royal du 13 septembre 1845, et du règlement adopté par les juges, le 10 février 1846.

« Ordre royal en conseil du 13 septembre 1845.

« Attendu que par un ordre fait par S. M. en conseil privé en date du 25 février 1841, il a été déclaré que toutes ordonnances du gouverneur en conseil à Maurice, toutes proclamations du gouverneur de ladite île, ainsi que tous actes ou avis publics du gouvernement exécutif de la dite île, seraient à l'avenir faits et promulgués dans la langue anglaise seulement, et que, pour l'administration des lois en la dite île, toutes cours, tribunaux, juges, juges de paix, magistrats et autres officiers s'en rapporteraient seulement à la version anglaise des dites ordonnances, proclamations, actes et avis.

« Et attendu *qu'il est à désirer que l'usage exclusif de* la langue anglaise dans toutes procédures judiciaires ou matières publiques en la dite île soit encore plus étendu, S. M., de l'avis de son conseil privé, ordonne en conséquence, et il est par ces présentes ordonné, qu'à partir du *15 juillet 1847*, toute procédure suivie devant la cour d'appel, la cour d'assises, le tribunal de première instance, la cour de vice-amirauté (1), et la cour des commissaires nommés pour connaître des crimes et délits commis en pleine mer, *sera faite et suivie en langue anglaise seulement*, et tous « records » ou enregistrements de procédure légale ou de toutes autres procédures de quelque nature que ce soit, qui doivent être faits et conservés dans les dites cours, seront faits et conservés en langue anglaise seulement, et que les juges de la cour d'appel de la dite île fixeront et établiront, de temps à autre, par des règlements qu'ils feront à cet effet, l'époque à laquelle toutes plaidoiries orales

(1) Il n'existe plus de cour de vice-amirauté.

devant les dites cours auront aussi lieu en langue anglaise seulement. »

Règlement de la Cour. (Il fut ordonné, le 10 février 1846, qu'à partir du 15 juillet 1847 *toutes les plaidoiries dans les tribunaux supérieurs* de la colonie auraient lieu en anglais seulement.)

Défendre de parler français ! Cette grande iniquité fut commise par l'Angleterre le 15 juillet de l'année 1847 (1). Le 14 juillet (2), la veille du jour où cette mesure fut mise à exécution, du sein du barreau mauricien s'éleva une ingénieuse protestation du droit contre la force. Me Célicourt Antelme, l'un des avocats les plus éminents et les plus éloquents d'alors, plaidait devant la Cour d'appel, qui n'était pas encore la Cour suprême ; il fit durer sa plaidoirie jusqu'à la dernière minute permise par le règlement de la Cour, et à minuit sonnant, il prononça la dernière parole qui ait retenti en français sous la voûte de ce palais de la justice et du droit.

L'appel suprême de Me Célicourt Antelme, qui fut calme et digne, comme le sont les profondes douleurs, ne sera-t-il jamais entendu par la Reine, en son conseil privé ? L'injustice planera-t-elle éternellement sur le

(1) Contrairement au traité de capitulation.

(2) La fête de la République française est célébrée chaque année à Port-Louis à cette date. A l'occasion de cette fête, il s'édite, pour les Mauriciens, l'unique numéro d'une revue intitulée le *Soleil de juillet* dont les dessins illustrés sont envoyés de France par le peintre mauricien, Louis Sérendat de Belzim, à Mlle Marie Leblanc, qui a eu l'idée de cette publication si française.

Palais de la Justice, et serait-ce pour faire un enterrement solennel à la langue française que la Cour d'appel a pris en 1851 (1) le nom de Cour suprême? Morte et enterrée au gré de l'Angleterre, la langue française ne s'est jamais mieux portée à l'île Maurice.

Autrefois, les fonctions de juge à la Cour étaient toutes remplies par des magistrats anglais, transplantés d'Angleterre à Maurice, sans préparation préalable (2). Ils connaissaient imparfaitement la langue française, et encore moins le droit français qu'ils avaient mission d'appliquer, dès leur arrivée dans la colonie. Aussi les arrêts qu'ils rendaient étaient-ils trop souvent sujets à de justes critiques ! Nous rapporterons, à titre de preuve, le dispositif d'un arrêt rendu le 14 février 1863 et qui est resté légendaire à l'île Maurice.

Il s'agissait en l'espèce d'un litige entre M. Shand, récemment nommé chief justice à l'île Maurice, et la Compagnie maritime péninsulaire et orientale (Penin-

(1) Ordonnance n° 2 de 1850 rendue exécutoire le 23 octobre 1851.

(2) Il y a 5 juges à la Cour suprême :

1° Sir E. Leclézio.

2° M. L. V. Delafaye.

3° *M. F. C. Moncrieff.*

4° *M. Oliver Smith.*

5° M. E. Didier de St-Amand, master.

Sur 5, 3 sont Mauriciens, Sir E. Leclézio, MM. Delafaye et de St-Amand.

Nous savons de bonne source, que pour le choix des magistrats envoyés d'Angleterre à Maurice, et celui des fonctionnaires, la préférence est donnée à ceux qui parlent le mieux le français. L'Angleterre est sur la pente de la capitulation devant la langue française.

sular and oriental Cy) dont le siège social est à Londres, mais qui était représentée à l'île Maurice par MM. Ireland et Cie. M. Shand, passager à bord du vapeur Ceylan, avait embarqué sur ce navire à Southampton une caisse contenant des habits et vêtements, qu'il avait commandés, pour son usage, à Londres. Cette caisse, une fois le transit d'Alexandrie à Suez opéré (le canal de Suez n'était pas encore percé), devait être réembarquée sur le vapeur Norna, à destination de l'île Maurice, mais elle se perdit et ne put être livrée à M. Shand, à l'arrivée de la Norna. M. Shand assigna en conséquence la Compagnie maritime péninsulaire et orientale devant la Cour suprême en paiement de 90 £ de dommages-intérêts et des dépens. La Compagnie péninsulaire et orientale répondait à cette assignation en se prétendant déchargée de toute responsabilité par l'avis qu'elle avait donné aux passagers qu'elle n'était en aucune manière garante de la perte ou de l'avarie des bagages leur appartenant.

Après de longs considérants, aux termes desquels fut invoqué dans ce litige, à propos de vêtements égarés, la haute autorité de Pardessus, le savant auteur du *Droit commercial*, la Cour *condamna la Compagnie maritime péninsulaire et orientale* dans les termes suivants :

« La Cour fixe les dommages-intérêts à 60 £, coût des articles contenus dans le colis égaré, en y ajoutant 25 0/0 pour la dépense qu'aura à supporter le demandeur pour se procurer à Londres des articles identiques.

« Accorde *la contrainte par corps* et fixe la *durée de l'emprisonnement à 3 ans*, et condamne aux dépens.

« Grants arrest in execution. Duration of imprisonment fixed to 3 years. Costs against defendants. »

L'Angleterre dut remédier à ce vice dans le recrutement de la haute magistrature de l'île, et faire appel, malgré sa répugnance, à l'élément mauricien. Le premier Mauricien auquel elle confia les fonctions de juge à la Cour fut Sir J. Edouard Rémono. Autant par son indépendance de caractère, que par sa profonde science juridique, ce magistrat qui occupa par intérim le poste de chef juge, se fit apprécier à ce point qu'en récompense de ses éminents services la Métropole lui conféra le titre de Sir, premier titre de noblesse en Angleterre, et pour la première fois accordé à un Mauricien.

Un pareil précédent encouragea le gouvernement anglais à persévérer dans la voie si bien inaugurée. De là, la nomination des Colin qui furent des juges fort éclairés et fort considérés.

Aujourd'hui la Cour suprême est composée en majorité de juges mauriciens. Le chef juge ou chief justice, lui-même, est un Mauricien, Sir Eugène Leclézio. De vieille famille française, fils d'un avocat à la Cour suprême qui a illustré le barreau de Port-Louis, savant jurisconsulte, aussi versé dans la science du droit français que de la législation anglaise qu'il étudia aux universités de Paris et de Londres, après avoir exercé la profession d'avocat devant la Cour suprême, il fut appelé à la première magistrature qu'il occupe, et où il a conquis l'estime générale et l'entière confiance du gouvernement anglais qui lui a octroyé le titre de Sir, comme autrefois à Edouard Rémono.

Avocats. — Pour pouvoir plaider devant la Cour suprême et devant les autres Cours, il faut être avocat ou barrister at law, et avoir prêté le serment professionnel en présence d'un juge à la Cour. Le diplôme de barrister at law s'obtient à l'une des 4 universités de droit de Londres (inns of court), Middle Temple, Inner Temple, Lincoln's inn, Gray's inn.

Les études durent trois ans. Tous les trois mois, pendant la période consacrée à cette formalité, l'étudiant est tenu de prendre part à 6 dîners, dans l'Université à laquelle il est incorporé. Les dîners correspondent aux inscriptions trimestrielles exigées dans nos facultés de droit. Ces agapes en commun sont un usage conservé par la corporation des avocats de Londres, en mémoire des Templiers, à l'époque où leur ordre fut supprimé, et où leurs propriétés de Middle Temple et d'Inner Temple furent mises en vente, et adjugées à la susdite corporation. L'étudiant dîne en robe et en rabat blanc ; dans la même salle et à des tables séparées dînent également dans le même cérémonial les avocats et juges en exercice qui dépendent de cette université. Deux examens, l'un de droit romain, l'autre de droit anglais sont obligatoires depuis quelques années. Auparavant, aucun examen n'était exigé.

Presque tous les barristers at law qui doivent exercer la profession d'avocat à Maurice suivent, à la fin de leurs études à Londres, les cours de la Faculté de droit de Paris, et y prennent le diplôme de licencié.

Les avocats ne dépendent d'aucun ordre, ils sont absolument indépendants et, en cas de manquement au devoir professionnel, ils ne relèvent que de la juridiction de la Cour suprême.

Les sommités du barreau mauricien sont actuellement MM[es] Guibert, Galéa, Chastellier et Newton.

Sollicitors ou avoués. — Les charges d'avoués ne sont point privilégiées ; pour exercer cette profession, il suffit d'avoir fait le stage prescrit, d'avoir satisfait à l'examen professionnel, et de fournir une caution ou un répondant jusqu'à concurrence de 10,000 roupies.

Huissiers. — Le nombre des huissiers est limité, il en existe 9 à Port-Louis, et 2 dans chacun des autres districts : pour être huissier, il faut avoir fait un stage de 2 ans dans une étude d'avoué ou au greffe de la Cour suprême, et fournir une caution de 6,000 roupies. Les huissiers instrumentent sous le contrôle de la Cour et du parquet.

Notariat. — La loi fondamentale du notariat à l'île Maurice est l'arrêté du 14 pluviôse an XII, promulgué par le capitaine général Decaen. Ses dispositions sont, à peu de chose près, la reproduction de la loi du 25 ventôse an XI. Il existe 12 notaires à Port-Louis, un au quartier du Grand Port et de la Savane, et un également au quartier de Moka et des Plaines Wilhems.

Deux notaires instrumentent aux îles Seychelles, l'un d'eux a sa résidence à Mahé.

Le magistrat de l'île Rodrigues a le pouvoir de faire les contrats de mariage et de recevoir les testaments.

Pour être notaire, il faut être sujet britannique, avoir 25 ans révolus, avoir fait un stage de 6 ans dans une étude de notaire, ou de 2 ans seulement si le postulant a pratiqué pendant 5 ans comme avoué ou avocat, et enfin avoir passé avec succès l'examen professionnel qui a lieu devant un jury composé de : 1° le procureur général ; 2° le master de la Cour suprême ; 3° le conservateur des hypothèques ; 4° trois notaires nommés par la chambre des notaires ; 5° et un avocat désigné par le gouverneur.

Les actes notariés sont rédigés en français (1), sauf la mention d'enregistrement qui est en anglais ; ils sont dressés en double minute dont l'une est déposée au bureau des archives de Port-Louis.

La double minute des actes des notaires des Seychelles est déposée à Mahé au bureau du conservateur des hypothèques.

Les actes sont reçus, lus et signés par un seul notaire, sauf quand il s'agit de donations entre vifs, donations entre mari et femme pendant le mariage, révocation de donations ou testaments, reconnaissance d'enfants naturels et de procurations à l'effet de passer les susdits

(1) C'est la seule branche de la justice qui ait été respectée, lors du sacrifice du français.

actes. La présence réelle du second notaire ou de 2 témoins est exigée en cas pareil.

Les notaires de campagne ou de district peuvent recevoir des testaments en dehors de leur ressort.

Il est défendu aux notaires de recevoir des dépôts d'argent sous peine d'une amende de 1000 roupies, et de suspension ou de révocation en cas de récidive. Les dépôts d'argent ayant trait aux actes notariés ont lieu entre les mains du receveur général.

Chaque fois qu'un notaire chargé d'un inventaire, d'une vente mobilière ou d'une liquidation de succession touche une somme supérieure à 500 roupies, il est tenu de déposer le surplus, dans les cinq jours, entre les mains du receveur général.

Le notaire doit, sous peine de suspension, conserver ses minutes dans une maison construite en briques ou en pierre.

Le cautionnement exigé est de 1200 roupies.

Les notaires sont régis dans leurs rapports par l'arrêté du 16 prairial an XII, promulgué par le général Decaen, arrêté qui a institué à Port-Louis une chambre des notaires et a fixé ses attributions.

Les charges de notaires sont transmissibles ; sans avoir le droit de présentation, le titulaire a fait jusqu'ici agréer son successeur par le Gouvernement, qui, bien qu'opposé au monopole, n'a pas encore déclaré la guerre au notariat. Les charges de notaires s'exploitent en société, comme celles d'agent de change à Paris, non pas que le prix de la cession, à raison de son importance, nécessite la réunion de gros capitaux, mais parce que ces concours associés aident à mieux recruter la clientèle (1).

Cours de district. — Les cours de district jugent au civil jusqu'à concurrence de 2000 roupies, et toutes les affaires criminelles, sauf celles dont la connaissance est déférée à la Cour d'assises et à un Bench composé de 3 magistrats qui peuvent condamner à 3 ans de servitude pénale, tandis que le magistrat unique ne peut condamner au-dessus d'un an de prison.

A Port-Louis, le senior district magistrate retient la connaissance des affaires civiles ; le junior district magistrate est juge des affaires du ressort de la police correctionnelle, et le police magistrate est juge de simple police.

En outre dans chaque district, il existe un stipendiary magistrate dont la juridiction comprend exclusivement les contestations entre patrons et serviteurs ; il fait aussi les engagements de laboureurs. Dans plusieurs districts, le district magistrate cumule les fonctions de stipendiary magistrate.

Dans les petites îles qui dépendent de l'île Maurice, hormis les Seychelles, la justice est rendue par un magistrat domicilié à Port-Louis. Sorte de voyageur

(1) Me Jean-Baptiste Guimbeau fut une des lumières du notariat mauricien.

en cette spécialité, il visite une ou deux fois par an chacune de ces îles et y fait observer la loi.

Nous avons montré dans cet avant-propos ce que l'ancienne île de France est devenue sous le gouvernement de l'Angleterre, il nous reste à exposer ce que l'Angleterre a fait de notre loi civile française, dont la conservation a été l'une des conditions du traité de capitulation de 1810.

Ce travail sera divisé en 4 parties :

Dans la première, nous étudierons la situation des étrangers, et les lois sur la naturalisation.

La deuxième partie sera consacrée à l'état des personnes, et en particulier à la législation spéciale des coolies ou immigrants.

Les ordonnances relatives à la transcription, à l'hypothèque judiciaire et légale et aux ventes immobilières feront l'objet de la troisième partie.

Dans une quatrième et dernière partie, nous rendrons compte des modifications apportées au Code civil par les lois sur les successions et les testaments, les partages, la curatelle et le taux de l'intérêt légal.

PREMIÈRE PARTIE

DES ÉTRANGERS ET DE LA NATURALISATION.

§ 1. — Des étrangers ou aliens.

Il fut un temps où, pour acquérir et posséder la propriété immobilière à l'île Maurice, il fallait être Mauricien ou naturalisé Mauricien. Le Mauricien est sujet britannique dans des conditions tout à fait spéciales. Il ne jouit des droits et prérogatives attachés à cette qualité que *dans les limites du territoire de l'île Maurice*; *within the said colony*, dit l'ordonnance 21 de 1872, sur la naturalisation. Quelle est la situation du Mauricien, quand il quitte l'île Maurice? est-il sujet britannique? ne l'est-il plus? Telle est l'importante question que nous aurons à étudier et à résoudre.

Presque à la même époque où l'Angleterre, violant le traité de 1810, interdisait le français à l'île Maurice et y imposait la langue anglaise pour la discussion, le vote et la rédaction de ses lois, elle faisait promulguer un ordre royal pris en conseil le 21 juin 1842, par lequel, en matière de propriété immobilière, les étrangers étaient soumis à la loi qui régissait alors la Métropole. Depuis l'annexion, un élément étranger d'une certaine importance s'était formé, par l'établissement à Maurice de Français, attirés par leurs anciens compatriotes, et, en haut lieu, on jugea qu'il était de bonne politique d'arrêter cette marée montante, ou plutôt de la canaliser au profit de l'Angleterre. De là cet ordre royal qui fut mis en vigueur à l'île Maurice pour obliger les étrangers propriétaires à se faire naturaliser Anglais, et dont nous reproduisons le texte :

« Proclamation du 21 juin 1842.

« Attendu qu'à la Cour du palais de Windsor, il a plu à Sa très Excellente Majesté la Reine en conseil de faire, le 15 janvier 1842, un ordre conçu dans les termes ci-après, savoir :

« Attendu que par la loi actuellement et antérieurement en vigueur à l'île Maurice, il *n'est imposé aucune restriction* à la faculté laissée aux *aliens* d'acquérir ou de posséder des terres, bâtiments et autres propriétés immobilières dans la dite île. Et attendu qu'il *convient que la loi à Maurice soit à cet égard assimilée à la loi d'Angleterre*, il est en conséquence ordonné par ces présentes par Sa très Excellente Majesté la Reine, de l'avis de son conseil privé, que la loi d'Angleterre, en tout ce qui concerne l'acquisition ou la possession par des aliens de terres ou héritages situés dans le royaume d'Angleterre, s'appliquera, et est par ces présentes déclarée applicable à l'acquisition ou à la possession par des aliens à l'île Maurice ou ses dépendances de terres, bâtiments ou autres propriétés immobilières situées dans la dite île ou ses dépendances. »

En 1846, le gouvernement, poursuivant le même objectif, décréta que les sujets anglais seuls pouvaient ouvrir une école à l'île Maurice, et y donner l'enseignement.

« Attendu la mauvaise interprétation de l'ordre royal en conseil du 12 août 1836, relatif au privilège d'établir des écoles dans la colonie qui ne peut être concédé sans permission préalable du gouvernement, Son Excellence le Gouverneur ordonne qu'il soit publié que ce privilège appartient aux sujets britanniques seuls, et qu'aucun étranger ne peut ouvrir une école dans la colonie, sans en avoir obtenu au préalable l'autorisation de Son Excellence le Gouverneur.

Le secrétaire du bureau colonial, 13 avril 1846.

Signé : GEO DICK. »

Le but du décret précité était surtout de développer l'enseignement de la langue anglaise. En 1832, ainsi qu'on l'a vu dans l'avant-propos, l'Angleterre s'était aperçue, à sa grande déception, qu'après 22 ans d'annexion, *personne ne savait et ne parlait l'anglais* à l'île Maurice. Beaucoup d'écoles étaient tenues par des Français, et le Gouvernement voulut les obliger à y enseigner l'anglais.

L'ordre royal de 1842 est tombé en désuétude depuis la promulgation en Angleterre du statut de 1870 (33 et 34 Victoria, ch. 14), lequel reconnaît aux étrangers le droit de posséder dans le Royaume-Uni des immeubles et d'en disposer (1).

Mais pourquoi cet ordre royal de 1842 n'a-t-il pas été abrogé ? Pourquoi le statut de 1870 (33 et 34 Victoria) n'a-t-il pas été promulgué à l'île Maurice ?

L'arme reste dans son fourreau, à la disposition du gouvernement anglais, suivant les éventualités.

§ 2. — De la naturalisation.

Bien qu'aujourd'hui l'étranger n'ait plus besoin de se faire naturaliser pour acquérir et posséder la propriété immobilière, la naturalisation lui est encore utile et nécessaire pour n'être pas exposé à être expulsé de la colonie par le gouverneur, comme il en a le pouvoir discrétionnaire, pour pouvoir occuper une fonction publique, s'associer à la gestion des intérêts généraux en prenant part soit aux élections municipales, soit aux élections du conseil législatif, et être en un mot électeur ou éligible.

L'étude des lois qui régissent la naturalisation n'est donc pas privée d'un intérêt pratique.

Lorsque l'ordre royal de 1842 fut mis en vigueur à l'île Maurice, de quelle manière pouvait-on devenir Mauricien ?

(1) Avant la promulgation de cet ordre royal de 1842, l'étranger, qui bénéficiait du régime du Code civil, pouvait, à l'île Maurice, acquérir et posséder des immeubles. — Il en est de même au Canada pour l'étranger, qui porte le nom d'aubain, depuis la loi du 4 juillet 1883.

M. Newton, avocat à la Cour suprême de Port-Louis, qui a étudié à fond la naturalisation mauricienne, et qui a rédigé sur la question une consultation fort remarquable, que publia en 1885 le *Journal du droit international privé et de la jurisprudence comparée* fondé et dirigé par M. Edouard Clunet, nous donne à cet égard les renseignements les plus précis et les plus intéressants.

« Nous n'avions anciennement dans nos lois, écrit M. Newton, aucune disposition qui permît à notre gouvernement d'habiliter les étrangers, établis ou résidant à Maurice, à jouir des droits qui compètent aux sujets britanniques. Néanmoins, notre conseil législatif s'était cru autorisé à accorder, dans une foule de cas, les privilèges dits de naturalisation, au moyen d'ordonnances spéciales, qui étaient votées et promulguées de la même manière que les autres ordonnances faites par lui, et qui, comme ces dernières, étaient toutes soumises à l'approbation du Gouvernement métropolitain.

« Toutes ces naturalisations étaient conçues à peu près dans les mêmes termes ; elles faisaient du naturalisé un sujet britannique à Maurice, et lui permettaient d'exercer, dans la colonie seulement, tous les droits du sujet britannique, mais elles lui interdisaient l'accès aux postes de conseiller législatif ou de conseiller exécutif.

« En accordant ces sortes de naturalisation, notre conseil législatif avait suivi les mêmes errements que d'autres colonies anglaises, mais, en l'absence d'un acte du parlement, les législations coloniales avaient-elles le pouvoir de faire d'un étranger un sujet britannique, même dans les limites des colonies où ce privilège était conféré, et même avec l'assentiment du souverain et de la souveraine ?

« Le conseil privé de Sa Majesté avait jugé, à deux reprises différentes, que les droits des étrangers, dans les possessions anglaises, sont réglés d'après la loi de la colonie où ils résident, tandis que la question de savoir si une personne résidant dans une colonie est un étranger ou non doit être résolue suivant la loi anglaise.

« En présence de cette jurisprudence, on fut naturellement amené à se demander si une loi coloniale pouvait changer le statut, la condition d'un étranger. Aussi, pour mettre fin à tout doute à cet égard, le parlement vota en 1844 un statut (10 et 11 Victoria, ch. 88), afin de déclarer valables toutes les naturalisations qui avaient été accordées jusque là, ainsi que toutes les lois qui y seraient faites à l'avenir concernant la naturalisation, mais le statut dit, en termes nets et précis, que les privilèges concédés par les lois déjà promulguées ou qui le seront ultérieurement seront limités aux colonies où ils auront été conférés.

« Le statut de 1870 (33 et 34 Victoria, ch. 14) a abrogé le statut 10 et 11 Victoria, ch. 83 ; mais il en a maintenu la principale disposition : « Toutes les lois et ordonnances, tous les statuts, dit la section 16 du statut de 1870, régulièrement passés ou votés par la législature d'une possession britannique, et qui auront pour but de conférer les privilèges ou partie des privilèges de la naturalisation à un étranger, pourvu que celui-ci en jouisse dans les limites de ladite possession, auront force de loi dans les dites limites. »

« En 1868 fut votée, par notre conseil législatif, notre première loi générale sur la naturalisation, l'ordonnance n° 8 de 1868. Cette ordonnance donna au conseil exécutif le pouvoir d'accorder des certificats de naturalisation, mais à la condition que le naturalisé ne jouît des privilèges de sujet britannique que dans cette colonie. Les avantages résultant du certificat de naturalisation pouvaient être limités par le conseil exécutif et étaient sujets à révocation (art. 6 et 10).

« Puis vient l'ordonnance n° 26 de 1871, qui, tout en maintenant au conseil exécutif le pouvoir qu'il tenait de l'ordonnance précédente, édicte quelques dispositions nouvelles. Elle diffère principalement de celle de 1868, en ce qu'elle donne au naturalisé la faculté que le statut de 1870 accorde aux étrangers qui se font naturaliser en Angleterre, c'est-à-dire la faculté de reprendre sa nationalité antérieure, aux conditions spécifiées dans ce statut, et en ce qu'elle reconnaît aux Anglais naturalisés en pays étranger le droit de recouvrer leur nationalité primitive à Maurice, dans les cas prévus par le même statut, et pourvu qu'ils s'adressent au gouverneur pour remplir les formalités requises. Les privilèges que confère le certificat de naturalisation continuent à être révocables, et le conseil exécutif conserve le pouvoir de les limiter (art. 6, 8 et 9 de l'ordonnance).

« On trouve encore dans l'ordonnance de 1871 cette disposition que l'étranger naturalisé ne jouira des privilèges de sujet britannique que dans les limites de Maurice.

L'ordonnance de 1871 n'eut qu'une existence éphémère, elle fut abrogée l'année suivante par l'ordonnance n° 21 de 1872, laquelle est restée la loi du pays jusqu'à ce jour. »

Nous allons faire connaître les dispositions de cette ordonnance.

Les articles 1 à 4 inclusivement contiennent l'énonciation des formalités à remplir pour demander et obtenir la naturalisation.

Art. 5. — S'il le juge convenable, le gouverneur pourra, en conseil exécutif, faire droit à la demande du postulant qui, en conséquence, sera invité à se présenter devant le gouverneur ou devant telles personnes désignées par lui, dans un délai de 14 jours, pour prêter le serment d'allégeance, dans les termes de la cédule A.

Art. 6. — Après que le serment d'allégeance aura été prêté, le certificat de naturalisation sera dressé par le secrétaire colonial dans les termes de la cédule B. Ce certificat sera signé par le gouverneur, et remis au postulant, avec une copie de toutes les pièces annexées à sa demande, et un avis publié dans la *Gazette du Gouvernement*, fera connaître que le postulant a prêté le serment d'allégeance et a obtenu le certificat de naturalisation.

ART. 7. — Le serment prêté, et le certificat obtenu, le postulant sera considéré, *dans les limites de la colonie*, comme un sujet de Sa Majesté, *au même titre que s'il était né dans la colonie*, et en possession et jouissance de tous les droits, privilèges et prérogatives *appartenant à un sujet né dans cette colonie*, sous cette réserve cependant que l'étranger ainsi naturalisé ne pourra, avant cinq ans à partir du jour de sa naturalisation, devenir membre du conseil du gouvernement.

ART. 8. — Le gouverneur pourra, dans les conditions ci-dessus stipulées, accorder un certificat spécial de naturalisation, *valable dans l'intérieur de cette colonie*, à toute personne dont la nationalité comme sujet britannique pourrait faire doute, et il pourra spécifier dans ce certificat que la délivrance qui en a été faite a eu pour but de faire cesser les doutes en ce qui concerne les droits de la personne en question comme sujet britannique, sans qu'on puisse induire de la délivrance d'un pareil certificat que la personne, objet de cette attribution, n'était point antérieurement sujet britannique.

ART. 9. — Tout étranger naturalisé en vue de cette colonie, à une époque antérieure à la présente ordonnance, pourra s'adresser au gouverneur pour obtenir un certificat de naturalisation *valable dans l'intérieur de cette colonie*, et le gouverneur pourra faire droit à la demande qui lui serait ainsi adressée.

Art. 10. — Lorsqu'un père ou une mère, en état de veuvage, a obtenu un certificat de naturalisation valable dans cette colonie, tout enfant d'un tel père ou d'une telle mère qui, pendant sa minorité, aura résidé avec un tel père ou une telle mère, dans quelque partie que ce soit de la colonie, *sera considéré, dans les limites de la dite colonie, comme un sujet britannique, né dans la colonie*, et aura droit à tous les privilèges et prérogatives d'un sujet de Sa Majesté né dans cette colonie.

Art. 11. — Tout certificat de naturalisation accordé dans les conditions de la présente ordonnance, et tout certificat qui aurait été accordé sous les conditions de l'ordonnance 8 de 1868, pourra être annulé par le gouverneur, en conseil exécutif, dans les cas suivants :

1° Si un renseignement quelconque, fourni par le postulant et inscrit dans sa requête pour obtenir un pareil certificat se trouve faux.

2° Si la personne à qui ce certificat a été accordé se fait dans la suite naturaliser dans un pays qui ne fait pas partie de l'Empire Britannique.

3° Si la personne à qui ce certificat a été accordé vient à commettre un des crimes et délits prévus dans les articles de l'ordonnance n° 6 de 1838, connue sous le nom de code pénal de cette colonie, articles 50 à 76, 92 à 105, etc.

Art. 12. — Aucun certificat de naturalisation ne pourra être annulé, dans les conditions prévues par l'article précédent, si ce n'est après condamnation de la personne à qui le dit certificat aura été accordé par l'une des cours ordinaires de justice de la colonie, ou si elle se trouve dans les cas prévus par les paragraphes 1 et 2 de l'article précédent, tant qu'elle n'aura pas été à même d'être entendue, et de présenter sa défense devant le gouverneur en conseil exécutif.

Art. 13. — L'annulation de ce certificat sera provisoire et soumise à l'approbation de Sa Majesté.

Art. 14. — A partir de la promulgation de cette ordonnance, un étranger ne sera point jugé par un jury *de mediatate linguae* (1), mais il le sera de la même manière que s'il était né sujet britannique.

Du texte de cette loi, et de tous les précédents, il résulte que la naturalisation obtenue à l'île Maurice ne confère que des droits absolument limités à la colonie, et que cette naturalisation ne peut faire perdre au naturalisé sa nationalité, parce qu'elle ne lui attribue aucune nationalité nouvelle, la nationalité mauricienne n'existant pas.

Chose singulière ! Alors que les deux lois de 1871 et 1872, qui font de l'étranger naturalisé ce que nous venons de faire connaître et de définir, étaient mises en vigueur à l'île Maurice, en Angleterre, le statut 33 et

(1) C'est-à-dire par un jury composé de personnes parlant la même langue que lui, et de même origine.

34 Victoria avait été promulgué depuis 1870, et ce statut donnait à l'étranger naturalisé tous les droits et prérogatives d'un sujet britannique. Par ce statut, en effet, il est permis aux principaux secrétaires d'Etat d'accorder un certificat de naturalisation à tout étranger qui a résidé au moins 5 ans dans le Royaume-Uni, ou qui a été au service de Sa Majesté la Reine, et qui a l'intention soit de continuer à résider dans le Royaume-Uni, soit de servir Sa Majesté. L'étranger qui a obtenu ce certificat de naturalisation bénéficie de tous les droits et privilèges, politiques ou autres, dont jouissent les nationaux, et est sujet aux mêmes obligations, mais avec cette restriction que s'il retourne dans son pays d'origine, il n'y est considéré comme sujet britannique que dans les cas où il y aurait perdu sa nationalité primitive, soit par l'effet de la loi, soit par l'effet d'un traité.

Afin qu'on ne pût pas se méprendre sur les effets de la naturalisation résultant de l'ordonnance de 1872, le 10 septembre 1874, le gouverneur de l'île Maurice fit publier dans la *Gazette du Gouvernement* un dispatch ou communiqué qui lui avait été transmis par le secrétaire d'État aux colonies, et duquel il résulte que la naturalisation conférée en Angleterre à un étranger ne le dispense pas de demander la naturalisation à l'île Maurice, les effets de la naturalisation obtenue par lui étant limités à l'Angleterre.

Ce communiqué est ainsi conçu :

« Dispatch ou communiqué du secrétaire d'État aux colonies au gouverneur de l'île Maurice.

10 septembre 1874, Downing Street,

Monsieur,

Une personne naturalisée en 1873 en Angleterre, ayant demandé au bureau colonial (ministère des colonies) quels étaient les droits et privilèges d'un sujet britannique à Gibraltar, l'opinion des conseils légaux de la Couronne a été prise sur la question de savoir si les certificats de naturalisation accordés dans le Royaume-Uni produiraient leurs effets dans les colonies.

1° L'act 7 et 8 Victoria (1844), ch. 66, section 6, stipulait qu'après avoir obtenu le certificat, et prêté le serment d'allégeance, tout étranger ayant sa résidence en Angleterre ou qui viendrait plus tard à fixer sa résidence en Angleterre, ou dans toute autre partie de la Grande-Bretagne et de l'Irlande, jouirait de tous les droits d'un sujet britannique. L'act 10 et 11 Victoria, ch. 83, sect. 3, disposait d'une manière expresse que l'acte précité de 1844 ne s'étendrait pas aux colonies. L'act 33 Victoria 1870, ch. 14, sect. 7, dispose qu'un étranger, auquel un certificat de naturalisation serait accordé, jouira, dans le Royaume-Uni, de tous les droits politiques et autres d'un sujet britannique.

2° Le gouvernement de Sa Majesté vous avise que les effets des dispositions ci-dessus énoncées *sont limités au Royaume-Uni*, et qu'un certificat de naturalisation délivré en exécution de l'un ou l'autre des acts de 1844 ou de 1870 *ne confère à l'étranger aucun droit ou privilège dans une colonie britannique.*

3° Comme ce sujet est d'intérêt général, et afin d'écarter tout doute qui pourrait exister dans la colonie dont vous êtes le gouverneur à cet égard, j'ai pensé qu'il convenait de vous faire connaître l'état de la loi, dans un dispatch circulaire adressé à toutes les colonies.

J'ai l'honneur d'être, Monsieur, votre très obéissant serviteur. »

Signé : CARNARVON.

N'est-il pas manifeste que le Mauricien est moins, et, en tous cas, autre qu'un véritable Anglais, puisque l'Anglais, possédant cette qualification, et jouissant dans le Royaume-Uni de tous les droits civils, civiques et politiques, a besoin de se faire naturaliser Mauricien pour avoir droit aux prérogatives attachées à cette qualité à l'île Maurice ?

Le régime d'exception appliqué à l'île Maurice existe aussi pour Gibraltar, mais le Canada est mieux partagé. Les Canadiens, *personae gratae* pour le Royaume-Uni, et que le Royaume-Uni ne saurait trop ménager, sont en possession de *tous les droits, pouvoirs, privilèges politiques et autres qui appartiennent à un sujet britannique d'origine.* Ce sont les termes textuels de la loi du 4 juillet 1883 qui a rendu exécutoire au Canada le statut Victoria 1870 sur la naturalisation. L'Angleterre n'a pas voulu accorder à l'île Maurice le bénéfice de ce dernier statut.

MM. Dislère et Dalmas, dans leur ouvrage consacré à

la législation coloniale française, envisagent la question de la naturalisation des étrangers dans nos colonies, en Cochinchine et au Tonkin, surtout, et ils émettent l'avis que cette naturalisation devrait être purement locale, et n'avoir pas d'effet en France. Telle n'est pas l'opinion de savants jurisconsultes avec lesquels nous avons traité la question.

A cause de leur singularité, les dispositions des ordonnances précitées firent naître le doute et donnèrent lieu à de fausses interprétations. On attribua à la naturalisation mauricienne des effets et des conséquences qu'elle ne comportait pas ; on prétendit qu'elle enlevait au naturalisé sa nationalité d'origine, et qu'elle lui en conférait une nouvelle.

Consulté sur la question, notre Ministre de la justice avait conclu dans ce dernier sens. Cette consultation nous semble intéressante à reproduire :

« Paris, 24 mars 1883,

Monsieur,

Vous m'avez soumis une note par laquelle vous réclamez la qualité de Français, qui vous serait contestée à la suite de votre naturalisation dans l'île Maurice.

Il ne me paraît pas douteux que vous ayez perdu la qualité de Français à la suite de cette naturalisation (art. 17, C. civ.). Il ne s'agit pas là en effet seulement d'une denization. Ainsi que le fait fort justement remarquer l'un des mémoires que vous avez produits, la denization ou l'acquisition en pays étranger de la jouissance de droits civils n'enlève pas la qualité de Français, mais il ne me paraît pas que la naturalisation qui peut être obtenue à l'île Maurice soit en vertu de l'ordonnance 26 de 1871, soit en vertu de l'ordonnance 21 de 1872 ait ce caractère restreint. En effet, ces textes *répètent à plusieurs reprises que le naturalisé est assimilé aux sujets britanniques de naissance.* Il est désigné toujours sous le nom de naturalized qui est dans les mêmes ordonnances (art. 9, § 2, ord. 26 de 1871), appliqué aux Anglais qui se sont fait naturaliser en pays étranger et qui peuvent, par suite, perdre leur nationalité anglaise. L'article 12 de l'ordonnance de 1871 prévoit la possibilité, pour l'individu naturalisé à Maurice, de recouvrer dans certains cas (convention diplomatique) sa nationalité d'origine ; la loi mauricienne reconnaît donc qu'il l'avait perdue. Enfin le serment prêté au moment de la naturalisation est incompatible avec le maintien de la nationalité française.

On ne saurait s'appuyer sur quelques restrictions aux effets de la naturalisation à l'île Maurice pour prétendre qu'elle n'entraîne pas la perte de la nationalité antérieure. C'est ainsi que notre législation distinguait autrefois la naturalisation et la grande naturalisation : cette dernière seule conférait l'action aux fonctions électives ; la première néanmoins entraînait la perte de la nationalité antérieure, du moins au point de vue français.

Il ne me paraît pas davantage que l'article 9 de l'Ordonnance de 1872, abrogatif de l'Ordonnance de 1871, puisse être invoqué pour prétendre que les naturalisations conférées en vertu de l'Ordonnance de 1871 tombent de plein droit. L'Ordonnance de 1872 limite les restrictions aux droits de naturalité; elle peut en cela être plus favorable que celle de 1871, et il pouvait être utile d'autoriser ceux qui avaient été naturalisés en 1871 à se mettre sous le régime de la nouvelle loi ; mais les effets de l'Ordonnance de 1871 eussent-ils été anéantis par celle de 1872, que la perte de la qualité de Français subsisterait si cette dénationalisation a eu lieu en 1871 à la suite d'un acte régulier. Nous ne saurions admettre qu'un acte postérieur d'un Gouvernement étranger vînt réintégrer à notre insu un ci-devant Français dans sa nationalité perdue.

Si vous ne pensez pas devoir vous rendre à ces observations, vous devriez, Monsieur, porter la question devant les tribunaux civils, seuls compétents pour trancher les questions de nationalité ; si au contraire vous vous rangez à cette manière de voir, vous auriez à former une demande de réintégration que je m'empresserais d'examiner.

Recevez, Monsieur, l'assurance de ma considération distinguée. »

Pour le Garde des Sceaux, Ministre de la Justice et des Cultes,

Le sous-secrétaire d'Etat,

NOIROT.

Nos Cours et Tribunaux eurent, de leur côté, à statuer plusieurs fois sur la question, mais par toutes leurs décisions ils se refusèrent d'une manière constante à admettre que la perte de la nationalité d'origine fût la conséquence de la naturalisation mauricienne.

Le Tribunal civil de Bordeaux rendit, le 18 juin 1884, un jugement dont nous allons rapporter les considérants et le dispositif.

Il s'agissait, dans l'espèce, d'un sieur Victor-Nicolas Mérandon, qui, après avoir obtenu la naturalisation à l'île Maurice, était venu se fixer à Talence, et y était décédé le 18 février 1881. Sa veuve forma une demande en compte, liquidation et partage de la succession de ce dernier contre les sieurs Pierre-Nicolas et Emile-Nicolas Mérandon, enfants issus d'un premier mariage du défunt. Ceux-ci prétendirent que le Tribunal civil de Bordeaux était incompétent pour statuer sur cette demande parce que le sieur Victor-Nicolas Mérandon avait perdu sa qualité de Français en se faisant naturaliser sujet britannique.

« Attendu, dit le jugement, qu'il est de doctrine et de jurisprudence que la qualité de Français ne se perd que par une naturalisation réelle, dans un pays étranger, que quelque étendue que soit la naturalisation accordée, à l'étranger, à un Français, elle ne lui enlève sa nationalité qu'autant qu'elle lui fait acquérir effectivement une nationalité nouvelle, en devenant sujet d'un autre État, ou, comme le dit la Cour de cassation, dans un arrêt du 27 juillet 1857, lorsqu'elle en fait de tout point et irrévocablement, sous le rapport civil, un citoyen du pays dont il a sollicité l'adoption ; qu'il convient de se pénétrer de ces principes pour apprécier l'exception opposée par les frères Mérandon ;

« Attendu qu'ils produisent, à l'appui de leur prétention, un certificat du Conseil du Gouvernement de l'île Maurice, constatant que, par ordonnance du gouvernement de cette colonie, le sieur Victor-Nicolas Mérandon a été naturalisé, en 1859, sujet britannique, pour l'île Maurice et ses dépendances, et que tous les droits, privilèges et capacités, qui sont attachés à ce titre, lui ont été conférés ; que de plus, il a prêté le serment d'allégeance ; attendu que d'après la législation anglaise, la naturalisation accordée à Maurice ne confère au naturalisé les droits et privilèges du sujet britannique que dans la colonie ; qu'il ne peut se prévaloir des droits de citoyen anglais, non seulement dans les pays étrangers, mais même en Angleterre et dans les autres possessions anglaises ; — qu'il résulte, en outre, de la même législation, que cette naturalisation peut être révoquée ; — attendu que la qualité de sujet britannique conférée pour l'île Maurice à Victor-Nicolas Mérandon, dans les conditions qui viennent d'être indiquées et pour le besoin de ses affaires, n'a pu lui faire perdre sa qualité de Français ;

« Qu'on ne saurait voir, en effet, dans cette concession une naturalisation complète ayant eu pour conséquence de faire acquérir effectivement et irrévocablement par Victor-Nicolas Mérandon la nationalité anglaise, puisque, naturalisé sujet britannique pour l'île Maurice seulement, il ne pourrait être considéré comme membre de l'État politique en Angleterre ; que la prestation par Mérandon du serment d'allégeance qui est une mesure de police et de sûreté intérieure ne saurait changer la nature de la concession qui lui a été accordée ; — attendu qu'il résulte de ce qui précède que Victor-Nicolas Mérandon n'a cessé d'être Français ; que, si on déclarait le contraire, il faudrait admettre qu'il n'aurait plus de nationalité, puisqu'il aurait perdu sa qualité de Français sans avoir acquis celle de citoyen anglais.

« Par ces motifs, le tribunal, jugeant en premier ressort, déclare les sieurs Pierre-Nicolas et Emile-Nicolas Mérandon mal fondés dans leur exception d'incompétence et les en déboute. »

Un arrêt de la Cour de Paris du 27 juillet 1859 et un arrêt de la Cour de cassation du 16 février 1875 ont statué dans le même sens, en ce qui concerne la naturalisation conférée dans le Royaume-Uni avant le statut 33 et 34 Victoria, 1870, parce qu'elle n'était pas attributive de droits politiques.

De tout ce qui précède, il résultait bien clairement pour nous, que le Mauricien n'est sujet britannique qu'à l'île Maurice, et qu'il cesse de l'être, lorsqu'il est en dehors de l'île. Toutefois, cette conviction était faite, on le comprend, pour nous laisser sous le poids des plus graves réflexions ; aussi, pour mettre fin à nos perplexités, nous résolûmes de solliciter l'avis de l'ambassade anglaise, et de connaître d'elle comment le problème était pratiquement résolu. L'ambassade anglaise en nous renvoyant pour plus amples renseignements au *Whitaker's Almanack* nous répondit : il faut distinguer. Le Mauricien d'origine, the British born, est sujet britannique dans le Royaume-Uni et ailleurs ; le naturalisé Mauricien ne l'est pas ; l'un a la jouissance des droits politiques, est électeur et éligible, s'il remplit les conditions de résidence et de cens prescrites par la législation électorale (1) ; l'autre n'a pas les droits politiques. Sur quoi se fonde-t-on pour faire cette distinction ? L'ordonnance de 1872 assimile complètement le naturalisé Mauricien au Mauricien d'origine. Si le Mauricien d'origine est sujet britannique, le naturalisé Mauricien l'est aussi ; si le naturalisé Mauricien n'est pas sujet britannique, le Mauricien d'origine ne l'est pas non plus, attendu qu'ils sont pétris légalement de la même argile. Ce Mauricien, en partie double, avec droits et prérogatives différents, l'un, pouvant impunément traverser les mers, l'autre, qui ne peut vivre pour rester Anglais que sous le climat tropical de l'île Maurice, n'est pas une création de la susdite ordonnance, dont les dessous nous paraissent mystérieux et impénétrables.

Nous ne pouvons nous empêcher de nous souvenir

(1) *Whitaker's Almanack*, 1896, pp. 666 à 670.

sous quelle influence fut votée, en 1872, cette ordonnance sur la naturalisation.

Nos revers avaient fait saigner le cœur des Mauriciens, une explosion de sentiments français se produisit dans toute la colonie. D'un élan spontané et général, la communauté mauricienne participa à la libération du territoire français ; elle adressa à la France son offrande, en termes émus et patriotiques. Il n'en fallait pas plus pour froisser l'orgueil britannique.

Les lois sur la naturalisation traduisent, selon nous, le mécontentement de l'Angleterre, lorsqu'elle acquit encore une fois la preuve que les descendants des annexés de 1810 n'avaient rien oublié, ni voulu rien apprendre, pas même l'anglais, *leur langue nationale !*

DEUXIÈME PARTIE

DE L'ÉTAT DES PERSONNES.

Les lois concernant l'état des personnes, c'est-à-dire des Mauriciens, n'ont pas subi à l'île Maurice des changements bien nombreux. Mais une législation nouvelle et toute spéciale a été édictée et promulguée, en ce qui concerne les coolies ou immigrants, qui sont les ouvriers agricoles à l'île Maurice, et constituent par conséquent une portion notable de la population. Nous diviserons donc cette partie de notre travail en deux chapitres : dans le premier, nous ferons connaître les changements apportés à l'état des personnes, ou des membres de la communauté mauricienne, par les ordonnances qui ont modifié sous ce rapport le Code civil; et, dans le second, nous étudierons la législation qui régit spécialement les coolies ou immigrants.

CHAPITRE PREMIER

MODIFICATIONS A L'ÉTAT DES PERSONNES.

Sous la première partie de ce travail, nous avons exposé dans quel sens se trouvait modifié depuis la conquête l'article 8 du Code civil.

C'est sans contredit la plus importante modification apportée à l'état des personnes à l'île Maurice.

État civil. — L'état civil des personnes est réglementé par l'ordonnance 26 de 1890, ordonnance considérable, attendu qu'elle comporte 140 articles.

Il y a à Port-Louis un bureau d'état civil qui est le bureau central.

Dans chaque district, le bureau d'état civil est au tribunal de district.

Le gouverneur a tous pouvoirs pour créer des bureaux d'état civil supplémentaires.

Il existe à Port-Louis un fonctionnaire ayant le titre d'archiviste général, qui est à la tête du service de l'état civil, et qui a le contrôle de tous les bureaux d'état civil de la colonie.

Avant d'entrer en fonction, il prête le serment prescrit pour les officiers d'état civil par l'ordonnance 12 de 1869.

Dans les districts autres que Port-Louis, le greffier du tribunal de district remplit les fonctions d'officier de l'état civil.

L'archiviste général, sous le contrôle du Procureur général, veille à la stricte observation des prescriptions de l'ordonnance 26 de 1890.

Il fait enregistrer toutes les naissances, mariages et décès.

Il fait dresser et envoie au gouverneur dans les 3 premiers mois de chaque année un rapport sur la statistique des habitants de la colonie en ce qui concerne l'année écoulée.

Il a la garde et devient responsable des registres et documents ci-après : 1o le registre général de la population ouvrière de l'île ainsi que les autres registres la concernant ; 2° tous les registres quelconques de l'état civil, ainsi que tous les registres et documents que l'ordonnance que nous analysons confie à la garde du bureau central.

Registres. — Les registres de naissances, mariages et décès sont tenus en double. Ces registres sont distincts. Il y a aussi des registres pour inscrire les enfants mort-nés, les reconnaissances d'enfants naturels, les adoptions et les jugements de divorce. Ces derniers registres ne sont pas tenus en double. Les pages sont numérotées et visées par l'archiviste général. On ne peut inscrire qu'un seul acte par page, sans jamais laisser de page blanche.

Actes de naissance. — La déclaration de naissance d'un enfant est faite dans les 30 jours qui suivent le jour de sa naissance devant l'officier du district où l'enfant est né. Il n'est pas *nécessaire de présenter l'enfant pour déclarer sa naissance.*

Si la déclaration n'est pas faite dans ce laps de temps, la naissance ne peut plus être inscrite sur les registres que sur l'ordre du magistrat ou de l'archiviste général, après paiement d'une amende qui ne peut excéder 2 R.

Si la naissance remonte à plus de 3 mois, le magistrat seul aura qualité pour en ordonner l'inscription, après les conclusions du ministère public et une amende de 50 R. au plus.

La naissance peut être déclarée par le père, la mère, le médecin, la sage-femme ou toute autre personne ayant assisté à l'accouchement, ou encore par le propriétaire de la maison où l'accouchement a eu lieu.

L'acte de naissance est dressé en présence de 2 témoins.

Quand on déclare la naissance d'un enfant naturel, l'officier d'état civil ne doit pas mentionner dans l'acte le nom du père, à moins que celui-ci n'y consente.

Quiconque trouve un enfant nouveau-né est obligé d'en avertir dans les 24 heures l'officier de police le plus voisin. Ce dernier dresse un rapport, dans lequel il indique le nom, la demeure de celui qui a trouvé l'enfant, le sexe, l'âge approximatif et les signes caractéristiques de l'enfant. Ce rapport est envoyé au Procureur général qui fait inscrire la naissance, et l'enfant prend dans l'acte le nom et le prénom que lui donne le Procureur général.

Le Procureur général nomme d'office un tuteur à l'enfant, qui est élevé dans un orphelinat, et les dépenses de cet enfant sont payées par le gouvernement.

Actes de mariage. — L'homme au-dessous de 18 ans, et la femme au-dessous de 15 ans ne peuvent contracter mariage.

En ligne directe le mariage est prohibé. En ligne collatérale, il est prohibé entre frère et sœur, légitimes ou naturels, et entre les personnes alliées au même degré. Le mariage est encore défendu entre oncles et nièces, tantes et neveux, à moins de dispenses. Cependant le mariage est permis entre un *veuf et la sœur de sa femme décédée* (1).

L'enfant naturel au-dessus de 21 ans peut contracter mariage sans prendre le consentement de ses parents. L'enfant naturel reconnu par ses père et mère, ou par l'un d'eux, a besoin de leur consentement pour se marier. L'enfant naturel mineur, qui n'a pas été reconnu ou qui n'a plus ses parents, doit obtenir le consentement du magistrat de district ou du magistrat stipendiaire.

(1) La loi du 16 avril 1832, qui permet au chef de l'Etat, en France, d'autoriser les mariages entre beaux-frères et belles-sœurs, n'a jamais été adoptée à Maurice. Comme des Mauriciens étaient allés épouser, à la Réunion, leurs belles-sœurs, on a pensé qu'il valait mieux autoriser ces unions, tandis qu'il n'y a jamais eu de cas de Mauriciennes, épousant les frères de leurs maris décédés.

Avant la célébration du mariage, il est fait deux publications avec un intervalle de 6 jours entre chacune d'elles.

Le mariage est célébré au bureau de l'état civil du district, et peut l'être aussi, à la demande des parties, en la demeure de l'une d'elles, à charge de payer 50 roupies à l'officier de l'état civil.

D'après l'ordonnance 25 de 1882, les femmes peuvent servir de témoins pour les mariages.

Ni les publications ni l'acte de mariage ne devront mentionner *que les conjoints ou l'un d'eux sont enfants légitimes ou naturels.*

Mariages in articulo mortis. — Tout membre du clergé d'un culte chrétien peut aussi bien que l'officier de l'état civil, sans publications préalables, et sans autres formalités que celles ci-après indiquées, célébrer un mariage entre deux parties, dont l'une est *in articulo mortis.*

Pour que le mariage soit valable, il faut :

1° Que les deux parties puissent signer l'acte de mariage ou y faire une croix, en présence de 2 témoins, dont l'un doit être un médecin en exercice, ou de 4 témoins, s'il n'existe pas de médecin. Tous les témoins devront signer ou faire une croix.

2° Lorsque le futur époux est âgé de moins de 21 ans, et la future épouse de moins de 18 ans, que le père et la mère donnent leur consentement, et que leur signature ou leur croix soit apposée sur l'acte.

3° Que le membre du clergé du culte chrétien dresse l'acte de mariage et le remette dans les 3 jours à l'officier de l'état civil du district ; celui-ci devra l'inscrire sur un registre spécial, en mentionnant en marge que ce mariage a été célébré par un prêtre ou un clergyman.

Mariage des immigrants. — Tout natif de l'Inde ayant l'intention d'immigrer à Maurice, s'il est marié conformément à la loi de son pays natal, doit se présenter devant un agent d'émigration pour Maurice, accompagné de sa femme et de ses enfants, et se faire délivrer un certificat de mariage.

Ce certificat, obtenu dans l'Inde, ne devient valable qu'après avoir été présenté au Protecteur des immigrants à Maurice qui s'assure de l'identité des parties et signe au bas du certificat.

Tout immigrant indien, marié légalement dans l'Inde, au moment de son arrivée à Maurice, et avant de quitter le dépôt d'immigration, peut se présenter devant le protecteur des immigrants en compagnie de sa femme et de ses enfants, et là, en présence de 2 témoins, déclarer que sa femme et lui se sont mariés dans l'Inde, et que les enfants qui sont avec lui sont nés de son mariage.

Cette déclaration, à laquelle est attribué le même effet que la déclaration qu'il eût faite à l'agent d'émigration dans l'Inde, est enregistrée sur un registre spécial tenu en double, elle est datée et signée par lui, ainsi que par les parties et les témoins. Une copie de cet acte dûment certifiée et signée par le protecteur est délivrée sans frais au mari et à la femme.

Acte de décès. — A part le cas où l'autorisation en est donnée par le directeur du service médical et de santé, nul enterrement ne peut avoir lieu avant les 24 heures qui suivent le décès.

Nul enterrement ne peut avoir lieu avant que le décès ne soit enregistré par l'officier de l'état civil du district où le décès a eu lieu, sur la déclaration de deux témoins.

Tout fonctionnaire à qui est confiée la surveillance d'une quarantaine (1) tient un registre en la même forme que ceux de l'archiviste général où il doit inscrire les décès survenus dans le lieu de la quarantaine.

Aucun enterrement d'une personne décédée dans une station de quarantaine ne peut avoir lieu sans que ce décès ait été enregistré au bureau de l'état civil de Port-Louis.

Dans les 8 jours de la levée de la quarantaine, le fonctionnaire dont il s'agit doit remettre son registre à l'archiviste général et chaque décès qui y est enregistré est inscrit sur le registre des décès de Port-Louis, avec une note en marge concernant cette circonstance.

(1) Lorsqu'il arrive à Maurice un navire à bord duquel une maladie contagieuse s'est déclarée, les passagers sont débarqués à l'île Plate où ils subissent un certain nombre de jours de quarantaine.

Divorce. — L'ordonnance n° 14 de 1872 a modifié les dispositions relatives au divorce, dans le Code civil, à l'île Maurice, et a abrogé : 1° les articles 229 à 233, 297 et 305 ; 2° la section I du chapitre II, titre VI, livre Ier et le chapitre III.

D'après cette ordonnance, le divorce par consentement mutuel est supprimé, et les autres causes de divorce sont les mêmes que celles stipulées dans la nouvelle loi promulguée en France le 27 juillet 1884.

L'ordonnance 37 de 1882 est venue compléter la précédente en stipulant :

1° Que l'abandon du toit conjugal sans motifs pendant plus de deux ans est une cause de divorce, qu'il soit demandé par le mari ou la femme.

2° Qu'une femme abandonnée par son mari peut demander à la Cour suprême de rendre une ordonnance qui mette à l'abri ses biens mobiliers ou immobiliers. La Cour, si la preuve lui est fournie que l'abandon ne repose pas sur de justes motifs, et que la femme pourvoit à son entretien par son travail ou ses revenus, peut rendre une ordonnance à l'effet de garantir les gains et biens que la femme a acquis depuis l'abandon ; ces gains et ces biens deviendront la propriété exclusive de la femme, et elle pourra en disposer comme si elle n'avait jamais été mariée.

L'article 298 du Code civil, en tant qu'il édicte une peine contre la femme adultère est abrogé par cette ordonnance.

Une dernière ordonnance, celle n° 31 de 1892 abroge l'article 295 du Code civil qui disposait que les époux divorcés ne pourraient plus se réunir.

La cause qui a donné lieu à cette ordonnance est intéressante à consigner ici :

Une jeune dame, appartenant à une grande famille de la colonie, ayant découvert que son mari avait des relations avec une négresse, s'adressa aux tribunaux pour obtenir son divorce. Il fut accordé. Après le jugement rendu, elle regretta ce qui avait eu lieu. Finalement elle se trouva enceinte. Dans cette situation, les deux époux firent des démarches pour avoir l'autorisation de se remarier, mais la loi opposait un obstacle insurmontable à leur demande. Après avoir examiné la question, le gouvernement fut d'opinion que dans l'intérêt de la morale et surtout de l'enfant que portait la jeune épouse divorcée, il fallait abolir l'article 295 du Code civil. C'est ce qui fut fait.

Puissance paternelle (*ord.* 9 *de* 1873). — Tout mineur qui quittera le domicile paternel pourra être arrêté et reconduit à ce domicile.

L'arrestation sera faite par la police en vertu d'un mandat délivré par le magistrat du district dans lequel le père a son domicile et signé par le magistrat du district dans lequel le mineur s'est réfugié. Ce mandat sera délivré par le magistrat après que le père lui aura déclaré, sous la foi du serment, que son enfant a déserté le domicile paternel sans autorisation.

Toute personne, qui donnera asile à un mineur qu'elle sait avoir quitté le toit paternel sans autorisation, sera passible, après une signification à elle faite, sur l'ordre du père, par un huissier ou un agent de police, d'une condamnation à une amende de 100 R. ou à un emprisonnement d'un mois, sans préjudice des dispositions prévues par les articles de l'ordonnance n° 6 de 1838 appelée communément « Code pénal » ou par l'ordonnance n° 12 de 1866.

La présente ordonnance sera applicable aux enfants mineurs illégitimes, à la condition que, dans le cas où il n'y aurait pas de tuteur légal nommé à l'enfant, la demande d'arrestation soit faite et signée par le père, et en l'absence de celui-ci par la mère.

Tutelle (*ord.* 4 *de* 1881). — Tout enfant naturel de cette colonie, âgé de moins de 21 ans et sans père ni mère, sera pourvu d'un tuteur et d'un subrogé tuteur nommés par le Master de la Cour suprême, ou par le magistrat de district où cet enfant réside ou est trouvé.

Le Procureur général peut provoquer cette nomination.

Aucun pupille orphelin ne pourra être employé par son tuteur comme domestique ou apprenti, s'il n'a pas été dressé un contrat de service ou d'apprentissage, sous peine d'une amende de 100 R. prononcée par le magistrat stipendiaire.

Le tuteur ne pourra pas placer l'orphelin hors de chez

lui comme domestique ou apprenti, si le contrat de service ou d'apprentissage n'a pas été approuvé par le magistrat stipendiaire, sous peine d'une amende de 100 R.

Les conditions des contrats de cette espèce sont déterminées et publiées par le gouverneur en conseil exécutif.

Le père qui a reconnu son enfant naturel sera nommé de préférence tuteur de cet enfant, à moins de motifs graves ; la mère sera nommée tutrice de préférence à tout autre, si l'enfant n'a pas été reconnu par le père, ou si le père est mort ou incapable.

Sur une plainte, adressée au Master de la Cour suprême ou au magistrat de district, prétendant que l'enfant est maltraité ou négligé par son tuteur, après l'audition des témoins et du tuteur, le magistrat pourra révoquer le tuteur et en nommer un autre.

Le Master de la Cour suprême ou le magistrat de district qui a nommé un tuteur à l'enfant illégitime a le droit d'émanciper ce mineur quand il a atteint l'âge de 16 ans, et de lui donner un curateur qui assistera le mineur dans les cas prévus par la loi.

Mort civile. — La mort civile (art. 22 et suivants C. civ.), a été abolie par l'ordonnance 15 de 1870.

Contrainte par corps. — La contrainte par corps (art. 2059 à 2070 C. civ.), a été abolie en matière civile, commerciale et contre les étrangers par l'ordonnance 16 de 1869.

Toutefois cette ordonnance stipule que, dans un procès civil, la Cour suprême pourra, en prononçant une condamnation à payer une certaine somme d'argent, ajouter à cette condamnation la prison dans les cas ci-après :

1° Lorsqu'un contrat est annulé pour fraude ou violence.

2° Lorsque des dommages-intérêts ont été accordés pour réparer un préjudice occasionné par un acte frauduleux ou de mauvaise foi.

3° Dans les cas de stellionat spécifiés dans l'article 2059 du Code civil.

4° Lorsqu'un locataire ou preneur ne rend pas au bailleur en fin de bail le bétail qui lui a été remis en exécution d'un contrat fait à moitié fruits, ou les instruments aratoires et les meubles qui lui ont été loués, à moins qu'il ne fournisse la preuve que le tout a péri ou manque, sans qu'on puisse l'accuser de fraude.

Les pouvoirs conférés à la Cour suprême par l'ordonnance 16 de 1869 ont été déclarés applicables aux magistrats de district (District courts) par l'ordonnance 22 de 1888.

CHAPITRE II

LÉGISLATION RELATIVE AUX COOLIES OU IMMIGRANTS.

L'affranchissement des nègres esclaves avait tari la source du travail manuel à l'île Maurice ; l'immigration indienne fut l'expédient auquel on eut recours pour suppléer à l'absence de la main-d'œuvre. Adrien d'Épinay fut le promoteur de cette mesure de progrès colonial et de civilisation ; on peut dire qu'il sauva encore une fois les colons de la ruine.

L'Angleterre était, à l'origine, opposée à l'immigration indienne. Elle feignait de voir un esclavage déguisé dans cet apprentissage de la liberté par des gens absolument dénués d'éducation et d'instruction. D'Épinay déploya pour gagner cette nouvelle cause autant d'énergie, d'opiniâtreté et d'éloquence que pour l'indemnité esclavagiste qu'il arracha, on s'en souvient, à la cupidité britannique. Dans la chaleur de la discussion et de la polémique, il lança un jour à la face de l'Angleterre, méfiante et hostile, cette virulente apostrophe : « De vos parias de l'Inde qui meurent de misère et de faim, nous ferons des travailleurs libres et heureux ; quand ils seront venus chez nous, ils ne voudront plus s'en retourner chez eux. »

La prophétie d'Adrien d'Épinay s'est réalisée au delà de ses prévisions. Au 31 décembre 1897, la population indienne, à l'île Maurice, s'élevait à 260.542 âmes dont 146.334 hommes et 114.208 femmes. Ce chiffre se décompose ainsi : 209.943 travailleurs libres, et 50.599 immigrants ou engagés.

Ainsi 209.943 Indiens, après avoir exécuté leur contrat de travail ou engagement, au lieu de s'en retourner dans l'Inde, ont fixé volontairement leur domicile à l'île Maurice. Libres et indépendants, ils y vivent, par le travail, dans des conditions de bien-être et de bonheur, que l'Inde anglaise ne saurait jamais leur offrir. Beaucoup sont propriétaires et font valoir leurs terres. Les autres exercent des métiers divers, pratiquent le jardinage, plantent des cannes qu'ils vendent au prix le plus élevé possible à l'usinier, sont domestiques, ou travaillent à la journée dans les grandes exploitations, en se faisant payer le plus cher possible. Tous savent épargner et aspirent à devenir propriétaires. L'Indien est intelligent, a une grande facilité d'assimilation et ressemble à notre paysan français, sous le rapport de l'amour du travail et de l'économie ; il est le meilleur client de la Banque d'Épargne de Port-Louis (1).

Ce n'est pas de ces Indiens, acquis à la civilisation

(1) L'élément indien constitue aujourd'hui plus des 2/3 de la population de l'île, et sur 3.004.495 R. au crédit des déposants à la Caisse d'épargne, 1.439.224 R. appartenaient à la population indienne au 31 décembre 1897.

et libres, dont nous nous occuperons ; ils font partie de la communauté mauricienne et relèvent des lois générales qui la régissent. Notre étude est limitée aux coolies ou immigrants dont la condition se rapproche, dans une certaine mesure, de nos anciens serfs, et qui seuls bénéficient de la législation spéciale dont nous avons à rendre compte.

Il existe à l'île Maurice 122 exploitations agricoles ; chaque exploitation comprend un certain nombre de champs plantés en canne, et une usine où la canne est transformée en sucre.

Depuis quelques années, plusieurs de ces usines sont fermées et chôment sur les exploitations agricoles ; le propriétaire, pour diminuer ses frais généraux, porte ses cannes à l'usine la plus rapprochée, afin de les faire transformer en sucre ; la tendance, à l'île Maurice, est à l'usine centrale.

Le personnel affecté à chaque exploitation est fort important ; les laboureurs qui en constituent l'élément principal se composent de coolies ou immigrants. Ceux-ci sont par contrats engagés à fournir chaque jour à l'exploitant un certain nombre d'heures de travail, et de son côté, l'exploitant a l'obligation de leur payer, en espèces, leurs salaires, et de leur donner, en sus, la nourriture, l'habitation et les soins médicaux en cas de maladie.

Dans toute exploitation, la partie réservée à l'habitation des immigrants, laquelle consiste en maisonnettes ou cases recouvertes en chaume, s'appelle le *camp*.

Suivant l'état de l'immigrant, cette case est occupée soit par le chef de famille, avec sa femme, ses enfants, et sa basse-cour, soit par un groupe de célibataires réunis par la parenté ou l'amitié et vivant sous le même toit.

Les gages du laboureur sont en moyenne de 6 à 7 R. par mois ; il reçoit en outre, à titre de prestation en nature, chaque semaine, une certaine quantité de riz, de dall (sorte de lentille) et de poisson salé.

Toute exploitation agricole comporte un hôpital pour les soins à donner à l'immigrant quand il tombe malade. Soins et médicaments sont donnés gratuitement. Dans les grandes exploitations il existe des écoles où les enfants des immigrants reçoivent l'instruction aux mêmes conditions de gratuité.

En cas de conflit d'intérêts entre l'exploitant et l'immigrant, la question est tranchée par le juge stipendiaire qui a été institué spécialement pour rendre la justice aux immigrants.

Le nombre total des immigrants ou engagés sur les 122 exploitations agricoles de l'île Maurice s'élevait au 31 décembre 1897 à 50.599.

On comprend que pour un nombre aussi considérable d'hommes, transplantés sans préparation aucune dans un pays étranger dont ils ne connaissent ni la langue, ni les mœurs, ni les coutumes, avec des idées et des croyances absolument opposées, et ayant de plus, dès leur arrivée, à exécuter un contrat qui leur enlève, pendant un certain temps, l'usage de leur liberté, il était nécessaire qu'une loi spéciale fût élaborée.

Cette loi est l'ordonnance 12 de 1878, connue sous le nom de Labor Act (loi du travail) et qui est le résultat de la refonte de toutes les ordonnances promulguées sur cette matière depuis l'ordre royal pris en conseil le 7 septembre 1838 qui autorisa et réglementa l'immigration indienne.

Le principe qui domine cette ordonnance est la protection due à l'immigrant. C'est un faible, un incapable que le législateur mauricien entoure de sa juste sollicitude.

Nous diviserons en 4 paragraphes les dispositions de cette ordonnance qui ne comprend pas moins de 237 articles.

Dans le 1er paragraphe, nous rendrons compte des mesures de protection édictées dans l'intérêt de l'immigrant ; — dans le second, des droits et des devoirs de l'immigrant ; — dans le 3e des droits et des devoirs de l'exploitant ou patron ; — et dans le 4e de la sanction ou des pénalités établies en cas d'infraction aux dispositions de la loi.

§ 1. — Mesures de protection dans l'intérêt de l'immigrant.

L'ordonnance de 1878 considère comme immigrants : 1° les Indiens des deux sexes, originaires de l'Inde anglaise, qui ont immigré à Maurice, à dater de la promulgation de l'ordre royal en conseil du 15 janvier 1842; — 2° les esclaves africains débarqués dans la colonie, après avoir été capturés par des croiseurs de la marine britannique.

La même ordonnance stipule que les seules parties de l'Inde anglaise où il est permis de recruter des immigrants sont : le Bengale, la Présidence de Madras et celle de Bombay.

L'introduction des immigrants à l'île Maurice ne peut avoir lieu que par les ports de Calcutta, de Madras et de Bombay. Le Gouverneur de l'île Maurice fait choix d'un agent général, auquel il confie dans l'Inde la surveillance de l'immigration des Indiens à destination de la colonie. Cet agent passe avec l'immigrant le contrat qui doit l'engager envers l'exploitant ou patron mauricien.

Aucun convoi d'immigrants ne peut être expédié pour l'île Maurice, si le contingent féminin n'est pas dans la proportion de moitié au moins de l'élément masculin.

En composant les lots, les maris ne doivent pas être séparés de leurs femmes, ni les enfants en bas âge et les mineurs de leurs parents ; on doit suivre le même procédé autant que possible à l'égard des membres de la même famille, ou des voisins ayant habité le même village.

L'immigrant est muni d'un livret.

A son arrivée à l'île Maurice, il a pour défendre ses

intérêts un haut fonctionnaire qui porte le titre de Protecteur des immigrants. Il est nommé par la Reine et agit sous le contrôle du Gouverneur.

Dès qu'un navire, contenant un convoi d'immigrants mouille dans la rade de Port-Louis, et immédiatement après la délivrance de la libre pratique, le Protecteur est la première personne qui monte à bord. Il est accompagné du médecin de l'immigration.

Le Protecteur des immigrants est le chef de l'immigration department, c'est-à-dire de cette branche de l'administration coloniale à laquelle est confiée la surveillance des Indiens engagés. Ses fonctions consistent : 1° à visiter au moins tous les 6 mois chaque établissement sucrier (*sugar estate*) qui se sert d'immigrants pour son exploitation ; — 2° à recevoir et examiner les plaintes de ceux-ci ; — 3° à leur donner des conseils ; — 4° à porter ses investigations partout où les circonstances l'exigent ; — 5° à assister le magistrat stipendiaire, s'il est mandé pour l'estimation des gages ; — 6° à tenir les registres du service de l'immigration.

Le Protecteur est institué d'office le tuteur des immigrants, mineurs, orphelins ou aliénés. Il peut à toute époque visiter les écoles, les hôpitaux, les camps, établis sur les propriétés ; il inspecte l'état physique des immigrants, et les conditions d'installation matérielle destinées à assurer leur bien-être ; il introduit en leur nom toute action judiciaire contre leur patron, s'il y a lieu, tant devant le magistrat du district que devant les autres cours de la colonie. Il a le droit d'interjeter appel et poursuit l'exécution des jugements obtenus. Il se fait représenter dans le cours de ses visites et inspections les livres de l'établissement.

Le Protecteur a, pour l'assister, des inspecteurs, des commis, des interprètes, et un médecin nommé par le gouvernement local, qui est chargé de faire au moins deux fois l'an des tournées sur les propriétés pour se rendre compte si les règlements sont régulièrement appliqués. Ce médecin dresse un rapport qu'il remet au Protecteur.

La connaissance de toutes les contestations qui s'élèvent entre patrons et engagés au sujet des salaires appartient au magistrat stipendiaire ou de district.

Le défaut de paiement des gages entraîne la résiliation de l'engagement.

Le Protecteur peut, en cas de non-paiement des gages, pendant 3 mois consécutifs, prendre d'autres mesures de nature à en assurer le recouvrement telles que la saisie et la vente de la propriété.

Le privilège établi par l'article 2101 du Code civil pour les salaires des gens de service est limité aux arriérés des gages dus pour une période n'excédant pas l'année qui a précédé le jugement de condamnation rendu contre le patron. Ce privilège est admis à son rang dans toute distribution de deniers appartenant au patron, soit par voie de contribution, soit par voie d'ordre ouvert sur le prix de vente de la propriété immobilière. Pour réclamer ce privilège, il faut justifier de toute diligence faite pour obtenir paiement à une époque postérieure.

Le régisseur et les employés de l'établissement autres que les gens de travail jouissent d'un privilège pour les arriérés de leurs salaires mensuels ; ce privilège prend rang immédiatement après celui des engagés et est limité aux 6 mois qui précèdent le jugement de condamnation obtenu contre le propriétaire.

Le Procureur général doit, en cas de poursuite exercée par le Protecteur à l'occasion d'une plainte, désigner soit un membre du parquet soit un membre du barreau pour soutenir en justice la demande du Protecteur.

Le gouverneur a le droit, après avoir entendu le Protecteur, de prélever sur les crédits annuels votés à cet effet par le conseil législatif, telles sommes nécessaires pour le rapatriement gratuit dans l'Inde des immigrants qui ont complété *leur industrial residence* et de leur famille dénués de tout.

§ 2. — Droits et devoirs de l'immigrant.

Avant de quitter l'Inde, l'immigrant doit être engagé envers un patron ou exploitant à l'île Maurice, expressément dénommé dans le contrat, ou doit prendre l'engagement de travailler chez tel patron qui lui sera désigné par le Protecteur à son arrivée à l'île Maurice.

Lorsqu'un immigrant récemment arrivé dans la colonie n'a rien à objecter à ce que son contrat soit cédé à un autre patron que celui qui l'a engagé, le Protecteur, après avoir examiné si ce transfert n'est pas préjudiciable à l'immigrant, du consentement de toutes les parties, autorise cette cession par une inscription opérée sur le livret de l'immigrant.

Aucun contrat de louage n'est obligatoire pour plus d'un mois, s'il n'est passé par écrit devant le Protecteur ou le Magistrat de district.

Nul ne peut louer ses services pour une durée supérieure à cinq années.

Les engagements verbaux ne sont obligatoires que pour un mois. Quand l'une des parties veut faire cesser l'engagement, elle doit en donner avis à l'autre 14 jours avant l'expiration du mois, sinon l'engagement est tacitement renouvelé pour un autre mois.

Les réengagements sont interdits avant l'expiration ou la rupture du contrat. C'est au magistrat de district qu'incombe le devoir d'expliquer à l'immigrant qu'étant libéré de son précédent contrat, il est libre de s'engager ou de ne pas s'engager, à sa volonté.

Le magistrat de district est autorisé à transférer par écrit le contrat de service d'un immigrant à un autre patron pour tout le temps qui reste à courir de son contrat, pourvu qu'il y ait accord de toutes les parties, et que le contrat en fasse mention, sans préjudice du droit d'opposition réservé au Protecteur.

Les travaux agricoles sont prohibés les dimanches et jours de fête publique, à l'exception pourtant des travaux concernant les soins à donner aux animaux, le nettoyage des écuries, étables, bergeries, la propreté de l'usine, l'entretien des bâtiments, sans que ces travaux puissent retenir l'immigrant au delà de 8 heures du matin.

La durée de la journée de travail dans les champs est de 9 heures ; une heure est accordée pour le déjeuner avant 11 heures du matin.

Si le travail est entrepris ou se prolonge en dehors des jours et heures sus-mentionnés, une rémunération est due à l'engagé et sera inscrite sur le livre de solde.

Le nouvel immigrant, qui vers la fin ou à toute autre époque de son contrat en cours désire racheter le temps qu'il lui reste encore à servir pour compléter sa résidence de 5 ans, peut le faire en payant une somme calculée sur le pied de 24 roupies.

Il reçoit alors une carte ou livret d'ancien immigrant.

Le rachat ci-dessus ne peut avoir lieu que si le nouvel immigrant est libre de tout engagement. Pour se dégager de son contrat, il s'adresse au magistrat de district, lequel donne avis de la requête au patron, qui est entendu contradictoirement avec l'engagé. Le procès-verbal d'enquête est transmis au Procureur général ; s'il juge la pétition de l'impétrant fondée, il fait connaître son avis au magistrat qui rend une décision conforme moyennant paiement préalable par l'immigrant d'une indemnité au profit du patron.

§ 3. — Droits et devoirs du patron.

Tout propriétaire ou locataire d'un établissement sucrier qui voudra introduire ou engager des immigrants de l'Inde adressera sa demande au Protecteur, en s'obligeant à leur fournir les gages et les prestations réglementaires, ainsi que le logement et les soins médicaux. La requête doit être revêtue de la signature de deux cautions solvables.

Le patron ou engagiste qui renvoie l'engagé, sans le prévenir 14 jours d'avance, sera tenu de lui payer un mois de gages.

Chaque patron doit tenir un registre sur lequel il inscrit les salaires dus aux engagés de son établissement, ceux qu'il paie, et ceux qu'il retient, les absences légales ou illégales. Le paiement se fait chaque mois à jour fixe.

Les rations dues aux termes des contrats d'engagement sont délivrées d'avance aux engagés le vendredi ou le samedi de chaque semaine.

Les gages et les rations ne sont pas dus à ceux qui par maladie ou autre cause ne se sont pas rendus au travail.

Défense expresse est faite à un patron ou à son régisseur de tenir une boutique de vente d'articles au détail dans un rayon de deux milles de l'établissement. Aucune dette contractée par un engagé dans une boutique ne pourra être imputée et retenue sur ses gages.

Chaque patron contracte, par le fait même de l'engagement, l'obligation de pourvoir à ses frais aux soins médicaux que réclament ses engagés s'ils résident sur sa propriété. Si son atelier comprend 20 hommes au moins, il est tenu d'avoir un hôpital pour le traitement des malades. Même prescription est ordonnée à l'entrepreneur de cultures.

Si un propriétaire ou un locataire d'établissement industriel en dehors de la ville de Port-Louis emploie 20 immigrants au moins à son service, il ne pourra contracter aucun engagement avec eux, s'il n'a pas obtenu du Protecteur un certificat constatant que son installation hospitalière est conforme aux règlements. Ce certificat lui sera retiré dès que l'hôpital cessera d'être tenu comme le prescrit l'ordonnance.

Tout patron qui a, à son service, 20 immigrants au moins, et qui sera astreint à avoir un hôpital sur sa propriété, doit justifier qu'un médecin y donne des soins aux malades de son établissement. Le choix de ce praticien est soumis à l'approbation du Gouverneur, qui est investi du droit de prononcer sa révocation et d'en faire nommer un autre à sa place.

Le Gouverneur peut encore limiter le nombre des établissements sucriers que peut desservir un seul médecin. Il est prescrit à celui-ci de faire 2 visites par semaine sur la propriété. En cas de légitime empêchement, il se fera remplacer. Il consigne sur un registre tout ce qui concerne le service sanitaire de l'établissement. Le taux de ses honoraires est fixé à 2 roupies par an pour chaque engagé. Un privilège placé sur le même rang que celui des gens de service, est attaché à cette créance.

Un logement commode et sain, bâti d'après le genre de construction en usage dans le pays, doit être accordé par le patron à chaque engagé, sous l'inspection du Protecteur ou d'un employé au service de l'immigration.

Ni porcs, ni chèvres, ni moutons, ni chevaux, mules ou ânes, ni bœufs ni vaches ne pourront être élevés au milieu des camps, mais il y aura sous le vent des habitations plusieurs parcs où les engagés auront la faculté d'avoir des animaux à eux appartenant.

§ 4. — **Sanction. — Pénalités.**

Un magistrat stipendiaire, nommé par la reine, est institué dans chaque district.

Il a dans sa juridiction la connaissance exclusive de tout ce qui a trait à l'exécution des contrats de service et prononce les pénalités édictées par la loi en cas de rupture ou de violation des engagements.

Il reçoit toutes cautions, autorise toute assignation, délivre tout mandat d'amener, tient note des témoignages produits devant lui.

Toute plainte d'un patron contre son engagé, de l'engagé contre le patron, toute difficulté qui s'élève à l'occasion des contrats d'engagement, toute contravention à l'encontre des dispositions de l'ordonnance sur le travail, sont portées devant le magistrat stipendiaire.

Lorsque le patron renvoie l'engagé sans le prévenir 14 jours d'avance, le cas de mauvaise conduite excepté, il est tenu de lui payer un mois de gages. Si c'est l'engagé qui quitte, dans les mêmes conditions, son patron, il est obligé de lui payer, à titre d'amende, une somme équivalente ; à défaut de paiement immédiat, il devient passible d'un emprisonnement de dix jours.

Est puni d'une amende de 100 roupies au plus, ou d'un emprisonnement de 10 jours au plus, tout patron ou engagé, reconnu coupable d'un engagement fictif. On donne ce nom aux conventions dans lesquelles les parties, n'étant pas de bonne foi, ont l'intention d'éluder les clauses de l'engagement, comme serait le cas où le prétendu patron n'aurait pas assez de ressources pécuniaires pour payer les salaires de l'engagé. En pareille occurrence, le magistrat de district peut se refuser à consentir l'engagement.

Est puni d'une amende de 500 roupies tout patron qui, dans un délai de 6 mois, n'a pas obéi à la mise en demeure qui lui a été faite d'édifier un hôpital plus convenable pour ses engagés.

Si un engagé se plaint, et s'il vient à être prouvé devant le magistrat de district, qu'il n'est pas payé, qu'il ne reçoit pas les prestations prescrites en qualité et quantité suffisantes, qu'il est l'objet de mauvais traitements de la part de son patron, que celui-ci en un mot par sa négligence enfreint les conditions du contrat de service, le magistrat peut adresser contre le patron un ordre de recettes pour le paiement des gages arriérés, pour la fourniture des redevances stipulées, ou comme dédommagement du préjudice souffert par l'immigrant; à défaut de paiement, il sera délivré contre le patron un mandat portant saisie et vente de ses meubles, sans que le montant de la condamnation à l'amende puisse excéder 100 roupies, ni la durée de l'emprisonnement 14 jours.

Dans l'hypothèse inverse, s'il est justifié devant le magistrat que l'engagé néglige d'exécuter le travail ordonné, que par son incurie et sa mauvaise volonté il cause un dommage à la propriété de son patron, qu'il l'injurie par paroles, gestes ou menaces, qu'il se rend coupable d'insubordination, de refus d'obéissance et de voies de fait envers le patron, le magistrat peut, à son choix, infliger à l'immigrant une des pénalités suivantes : dommages-intérêts au profit du patron ne s'élevant pas à plus d'un mois de gages, incarcération avec ou sans travail dans l'intérieur de la prison pendant 14 jours au plus, ou rupture du contrat.

Aucune saisie-arrêt ne peut être formée sur les gages acquis par les gens de travail.

Dans le cas où les engagés ont obtenu jugement contre le patron pour arriérés de gages, aucune saisie-exécution ne sera frappée de nullité pour cette cause que les meubles seraient la propriété de la femme du patron.

La subrogation dans les droits et privilèges des gens de travail, régisseur et employés du domaine rural, peut être accordée à toute personne qui les désintéresse du montant de la condamnation rendue à leur profit. Cette subrogation est consentie devant le magistrat de district.

On peut poursuivre le recouvrement des gages par voie de saisie immobilière contre le patron ; la procédure a lieu devant la Cour suprême. La saisie-brandon d'une récolte sur pied peut aussi être exercée pour le même motif avec les formalités exigées par les articles 626 et 627 du Code de procédure civile.

Si l'immigrant a sous son toit des animaux dont la présence est nuisible à la santé, et qu'il se refuse à éloigner cette cause d'insalubrité, s'il commet sciemment sur la propriété des actes contraires à l'hygiène, s'il trouble les eaux servant à l'alimentation, il encourt une amende de 50 roupies et une condamnation à 14 jours de prison.

Si un immigrant nouvellement arrivé qui a résilié son contrat, ne rachète pas ce qui reste à courir de la période de 5 ans, ou ne se réengage pas dans un délai de 8 jours, à partir de la délivrance du certificat qui constate la rupture de son contrat, il sera conduit par les soins de la police devant le Protecteur des immigrants qui s'efforcera de lui procurer un emploi. Si l'immigrant refuse de s'employer, il s'expose à être envoyé par le Protecteur au dépôt de vagabondage où il sera détenu jusqu'à ce qu'il consente à prendre du travail. Si, au bout de 3 mois, il persiste dans le même refus, il devient vagabond incorrigible et sera traité comme tel.

Tout immigrant lié par un contrat écrit de service qui s'absentera du travail sans excuse valable, sera condamné soit à payer à son patron une amende de deux jours de gages pour chaque jour d'absence illégale, soit à prolonger la durée de son contrat d'une quantité de jours égale aux journées d'absence.

Tout engagé qui, sans motif légitime, abandonnera le travail pendant 14 jours dans un mois, ou 24 jours dans deux mois, sera condamné comme étant paresseux par habitude. Cette infraction le rend passible de 3 mois d'emprisonnement au maximum.

Est réputé déserteur tout engagé qui, sans cause légitime, abandonne le travail et sa demeure pendant plus de trois jours consécutifs, non compris les dimanches et jours de fête. Avis en est donné par le régisseur de la propriété au bureau de police le plus rapproché. Le magistrat de district décernera contre le déserteur un mandat d'amener qui sera remis à la police. La pénalité consiste à remplacer le temps qui s'est écoulé entre la désertion et la condamnation et à subir un emprisonnement de 3 mois au maximum.

Ceux qui se rendront coupables d'une arrestation arbitraire commise sur la personne d'un immigrant seront condamnés à une amende de 100 R. au plus dont une partie est attribuée à l'Indien, à titre de dommages-intérêts, ou à un emprisonnement d'un mois au plus.

Les noms des déserteurs, ainsi que ceux de leurs engagistes, s'ils sont connus du Protecteur, seront publiés dans le *Government Gazette.*

Ne se rend pas coupable d'absence illégale l'immigrant qui, pour un motif légitime, laisse la propriété dans le but de porter plainte au magistrat de district.

Du vagabondage. — Les vagabonds sont ceux qui n'ont ni domicile fixe, ni moyens connus de subsistance, et qui étant assujettis au travail ne s'y livrent pas habituellement, et n'exercent ni commerce, ni profession. Ils encourent de ce chef un emprisonnement d'un mois au plus avec ou sans travail dans l'intérieur de la prison ; en cas de récidive dans les 12 mois de la première condamnation, la peine est portée à 3 mois de prison.

Tout individu reconnu comme vagabond incorrigible est traduit devant le magistrat de district, et condamné à un emprisonnement de 12 mois au plus.

Tout immigrant indien condamné 2 fois en 2 ans comme vagabond incorrigible peut, sur le rapport du Protecteur ou d'un magistrat de district, être déporté de Maurice par le Gouverneur, aux frais de la colonie, après qu'il aura terminé sa peine.

Sa photographie est envoyée à tous les agents d'émigration de l'Inde. L'agent qui le recrutera pour l'envoyer à Maurice s'expose à payer les frais de passage de ce vagabond, aller et retour. Des mesures sont prises pour lui faire quitter le pays le plus tôt possible.

Il est défendu de se livrer à des perquisitions générales pour découvrir les vagabonds, mais tout officier ou agent de police, muni d'un mandat en due forme, délivré par le magistrat de district, peut pénétrer sur les propriétés privées, s'il a juste raison de soupçonner qu'un vagabond y est employé ou caché, l'arrêter et le conduire devant le magistrat.

Toute personne ayant sciemment donné asile à un déserteur ou à un vagabond sera condamnée à une amende de 100 roupies au plus.

La production d'une fausse carte entraîne pour l'immigrant qui en fait usage un emprisonnement de 3 mois au moins, et de 6 mois au plus. En cas de récidive dans l'année, il entre dans la catégorie des vagabonds incorrigibles dont le régime lui est applicable.

Cette carte doit être représentée à première réquisition de la police. S'il y a refus de la part de l'immigrant, il sera condamné la première fois à une amende de 50 roupies ou à un emprisonnement de 14 jours au plus ; la deuxième fois, si la contravention a lieu dans l'année, à un emprisonnement de 3 mois au plus.

Il n'est permis à aucun immigrant à la veille de quitter la colonie de s'embarquer sur un navire autre que celui qui est affrété par le gouvernement pour le transport des immigrants dans l'Inde, que le passage soit à ses frais ou à ceux de la colonie, sans qu'il ait obtenu du Protecteur un passeport dont le coût est d'une roupie.

Tout individu qui volontairement favorisera l'introduction d'un natif de l'Inde anglaise de tout autre port que Calcutta, Madras ou Bombay, seuls autorisés par le gouvernement de l'Inde pour l'immigration, avec l'intention de l'employer à son service dans la colonie, sera condamné par chaque immigrant ainsi introduit, à une amende n'excédant pas 200 roupies ; à défaut de paiement il subira un emprisonnement d'un an au plus.

La même pénalité sera encourue par tout capitaine de marine marchande qui dans un port de l'Inde prendra à son bord, sans une autorisation spéciale, des émigrants destinés à la colonie.

L'ordonnance de 1878 a été complétée par les ordonnances 1 de 1879, 12 de 1881, 9 de 1882, 24 de 1882, 6 de 1884, 11 de 1884 et 25 de 1891. Ces ordonnances sont conçues dans le même esprit de protection et édictent des mesures, soit à l'endroit des Indiens qui quittent la colonie pour se rendre en pays étranger, soit au sujet des successions d'immigrants décédés à l'île Maurice, soit pour défendre ceux-ci quand ils contractent des engagements de travail.

Ordonnance n° 1 de 1879. — Aucun patron ne pourra employer des travailleurs qu'à la condition de passer avec eux un contrat de service par écrit, et ce contrat ne sera valable que dans le district où il a été passé, le tout sous peine d'amende.

Toute personne, logeant ou employant un serviteur qu'elle sait être engagé par une autre personne au moyen d'un contrat écrit, sera passible d'une amende et de dommages-intérêts.

Ordonnance n° 12 de 1881. — Il ne sera permis aux immigrants indiens ou aux esclaves africains libérés d'émigrer de Maurice que sous les conditions suivantes :

1° Qu'il y ait une convention avec le gouvernement de Sa Majesté, ou une loi autorisant l'émigration.

2° Qu'un contrat intervienne entre l'immigrant ou l'esclave africain libéré et son entrepreneur, comme il est dit ci-dessous.

3° Qu'il ait obtenu un passeport, comme il sera dit ci-dessous.

Les immigrants indiens ou les esclaves africains libérés qui veulent émigrer devront faire un contrat avec leur futur entrepreneur devant un magistrat stipendiaire ; aucun contrat de cette espèce ne sera passé tant que le Protecteur des immigrants n'aura pas écrit au magistrat qu'il accepte les conditions du contrat et que l'entrepreneur futur n'aura donné au magistrat les garanties que celui-ci jugera utiles pour l'exécution du contrat.

Après la signature du contrat et avant de s'embarquer, l'immigrant indien ou l'esclave africain libéré devra demander un passeport au Protecteur des immigrants ; le Gouverneur seul a qualité pour délivrer ce passeport, et il peut le refuser s'il juge qu'il est de l'intérêt de celui qui veut émigrer de rester à Maurice.

Tout immigrant indien, qui tentera d'émigrer de Maurice sans remplir les prescriptions de cette ordonnance, sera passible d'une amende n'excédant pas 20 R. ou d'un emprisonnement d'un mois au maximum.

Toute personne qui déterminera un immigrant indien à émigrer dans un pays étranger, sera passible d'une amende n'excédant pas 500 R. et en cas de non-paiement d'un emprisonnement à autant de jours qu'elle aura été condamnée à payer autant de fois 5 R.

Encourra la même pénalité le maître du navire qui recevra à bord un immigrant indien ne remplissant pas les conditions exigées par cette ordonnance pour l'émigration.

Le Protecteur des immigrants, le Receveur des douanes, ou tout officier de police peuvent, sans autorisation, visiter un navire qu'ils présument contenir des immigrants indiens n'ayant pas exécuté les prescriptions de cette ordonnance.

Ordonnance n° 9 de 1882. — Quand le Gouverneur chargera un magistrat stipendiaire de Maurice d'agir dans un district autre que celui ou ceux qui lui sont assignés, une lettre signée du secrétaire colonial sera une preuve suffisante du mandat qui lui est confié et donnera à ce magistrat le droit d'agir, pourvu qu'il prête serment, comme tout magistrat stipendiaire de Maurice, s'il ne l'a pas déjà fait.

Ordonnance n° 24 de 1882. — Quand un immigrant indien résidant sur la propriété de son patron vient à mourir, sans laisser ni héritiers légitimes, ni légataire universel, le patron devra, aussitôt que possible, dresser ou ordonner qu'il soit dressé un inventaire de tous les biens meubles laissés par cet immigrant sur la propriété du patron, et transmettre dans les 48 heures cet inventaire à l'officier de l'état civil du district ; il conservera en sa possession tous ses biens meubles pendant le temps nécessaire pour les remettre à l'officier de l'état civil.

Chaque fois qu'un immigrant indien, qui n'aura pas sa résidence sur la propriété de son patron, sera venu à mourir, l'officier de police en fonction dans le district dressera un inventaire des biens meubles laissés par lui, à son lieu de résidence, ou ailleurs dans le district, transmettra cet inventaire à l'officier de l'état civil du district, et gardera en sa possession ces biens meubles pendant le temps nécessaire pour les remettre à l'officier de l'état civil.

L'officier de l'état civil du district dans lequel sera mort un immigrant devra aussitôt que possible demander au patron, ou à l'officier de police, suivant le cas, les biens meubles laissés par cet immigrant qui devront lui être remis.

Tout patron qui refusera de se conformer aux prescriptions du précédent article, volontairement ou par négligence, soit personnelle, soit indirecte, commise par ses employés, en faisant un inventaire inexact, sera passible d'une amende qui ne pourra dépasser 100 roupies, et tout patron dont le devoir est de dresser un pareil inventaire sera en outre obligé de tenir compte, à la succession de l'immigrant décédé, de la valeur des biens meubles laissés sur sa propriété et qu'il n'aurait pas transmis à l'officier de l'état civil.

L'officier de l'état civil transmettra de suite l'inventaire au magistrat de district, avec une copie de l'acte de décès de l'immigrant, et gardera en sa possession les biens et valeurs mobiliers, jusqu'à ce qu'il ait reçu les instructions du magistrat.

Toute personne ayant des droits à ces biens pourra demander au magistrat, dans les 8 jours du décès de l'immigrant, un ordre d'envoi en possession, et si l'ensemble de la succession n'est pas d'une valeur supérieure à 100 roupies, le magistrat aura le pouvoir de statuer sur la demande d'une manière définitive ; si la valeur en est supérieure, il devra en référer à la Cour suprême qui statuera et autorisera le magistrat à procéder comme il sera ci-après stipulé.

Il est bien entendu que, d'une manière générale, le magistrat devra donner au curateur et au Protecteur des immigrants avis par écrit de la demande à lui adressée, et ne pourra pas statuer sur cette demande avant l'expiration de 3 jours francs à partir de l'avis transmis, et que le curateur et le Protecteur devront se faire représenter soit devant le magistrat, soit devant la Cour, dans le cours de toute la procédure relative aux biens laissés par l'immigrant décédé.

Si le magistrat ou la Cour décident que les demandeurs ont droit aux biens dépendant de la succession de l'immigrant, ou à une partie de ces biens, le magistrat délivrera à l'officier de l'état civil l'ordre de mettre en possession de la totalité de ces biens ou de partie les ayants droit. Dans le cas où il n'y aurait pas de demande formulée dans un délai de 8 jours, ou si le magistrat et la Cour ne sont pas suffisamment éclairés sur les droits des réclamants à la totalité ou à partie de ces biens, le magistrat délivrera un ordre par lequel il attribuera au curateur aux biens vacants la succession de l'immigrant décédé, et sur cet ordre, l'officier de l'état civil sera tenu de mettre le curateur en possession de la totalité des biens qu'il détient, ou de la partie qu'il n'a pas reçu l'ordre de remettre aux ayants droit.

Toute somme d'argent trouvée dans la succession de l'immigrant devra être remise par l'officier de l'état civil au curateur, et ce dernier devra la transmettre au Receveur général.

Le curateur, sans formalité légale préalable, devra se mettre en possession de tous les biens meubles, valeurs et titres dépendant de la succession d'un immigrant décédé, sans être au service d'un patron, et sans laisser d'héritiers ou de représentants connus, dès qu'il recevra l'avis officiel ou autre du décès ; l'officier de l'état civil du district dans lequel un pareil immigrant sera décédé devra sans délai notifier son décès au susdit curateur et au Protecteur des immigrants, et envoyer aussi au curateur la liste des biens meubles, valeurs et titres laissés par l'immigrant.

Dans ce cas, l'ordre d'attribution ne sera pas délivré, afin que le délai de la prescription ne puisse pas courir (prescription de 30 ans au profit du Gouvernement).

Au cas où aucune réclamation ne se produirait dans le délai d'un an à partir du décès dans cette colonie d'un immigrant à tout ou partie de sa succession, le curateur en donnera connaissance au Protecteur des immigrants à Maurice, et lui fournira tous les renseignements en sa possession ; le Protecteur communiquera le tout au Protecteur des émigrants résidant dans le port de l'Inde où s'est embarqué pour Maurice l'immigrant décédé.

Le Protecteur des émigrants notifiera les renseignements reçus par lui à l'autorité compétente dans l'Inde, dans le but de s'assurer, et il tentera aussi de s'assurer, s'il n'existe personne dans l'Inde qui aurait droit à la succession de l'immigrant en vertu des lois et coutumes applicables au *de cujus* dans l'Inde ; dans le cas où l'on ne découvrirait aucun héritier, et qu'il serait certifié par l'autorité compétente qu'il n'en existe aucun, les biens de l'immigrant décédé seront vendus, et le produit en sera transmis, ainsi que les deniers comptants, au Protecteur des émigrants dans l'Inde, pour être délivré à telle personne qu'il appartiendra, déduction faite des frais de transmission.

Le curateur sera entièrement déchargé à partir du jour où le produit de cette vente et l'argent comptant auront été expédiés, comme il est dit plus haut ; et le Gouvernement de Maurice sera entièrement déchargé par le paiement que le Protecteur des émigrants fera à la personne reconnue comme étant l'héritière légale.

L'autorité compétente dont il est parlé ci-dessus sera désignée dans les règlements qui seront faits en exécution de la présente ordonnance.

Au cas où un immigrant viendrait à décéder à Maurice laissant par testament tout ou partie de ses biens à des personnes résidant dans l'Inde, le curateur donnera connaissance de ce décès et de ce testament, et tous les renseignements nécessaires, mentionnés dans l'article précédent, devront être transmis, de même que toutes les dispositions du même article devront être observées.

Si dans les 3 ans de la notification, faite au Protecteur des émigrants dans l'Inde, du décès de l'immigrant, de l'ouverture de sa succession, et de son testament, il n'est découvert personne, qui ait droit à sa succession, celle-ci ne sera pas attribuée à l'Inde, mais restera entre les mains du curateur.

Tout immigrant a le droit de rendre authentique en

présentant soit au Protecteur des immigrants, soit au magistrat stipendiaire, soit au Master de la Cour un document écrit par lui en quelque langue que ce soit, et qu'il déclarera être son testament, afin que ces fonctionnaires certifient l'identité de cet immigrant et attestent, soit par la déclaration de ce dernier, soit par la traduction d'une personne compétente, que le document produit contient bien les dernières volontés de l'immigrant ; en conséquence l'un ou l'autre de ces fonctionnaires écrira sur le document, pour en certifier l'identité, les noms et le numéro matricule de l'immigrant, d'après les papiers de ce dernier ; il consignera que l'immigrant a déclaré que ce document était son testament, que la traduction, s'il y en a une, a été faite et est demeurée annexée, la date où ce document lui a été présenté, la signature de l'immigrant, puis il rendra le document et sa traduction à l'immigrant.

Tout document présenté comme testament, et rendu authentique par le Protecteur, le magistrat de district ou le master, produira les mêmes effets qu'un testament authentique d'après le Code civil.

Ce document n'a pas besoin d'être fait sur papier timbré.

Ordonnance n° 6 de 1884. — Quand un engagiste a payé au moins le tiers de la somme totale qu'il doit au Gouvernement, à l'occasion de l'introduction à Maurice d'immigrants indiens, et a fait avec lui un contrat valable, le Gouverneur, s'il juge que les droits du Gouvernement sont suffisamment sauvegardés, peut autoriser le Protecteur des immigrants à remettre immédiatement à l'engagiste les immigrants introduits sur sa demande.

Dans le contrat dont il vient d'être parlé, l'engagiste prendra l'engagement de payer lui-même au Gouvernement le solde qu'il doit en deux paiements égaux avec intérêts à 5 0/0, et il donnera une hypothèque de façon à sauvegarder les droits du Gouvernement.

Le nombre des immigrants auquel un engagiste aura droit en conformité des dispositions de cette ordonnance pourra être limité par le Gouverneur ainsi qu'il suit : 1 homme par chaque quantité de 25.000 kilogr. de sucre produits annuellement, en prenant la moyenne des 3 années précédentes.

Ordonnance n° 11 de 1884. — 1° Tout contrat de service qui doit être exécuté en dehors de cette colonie, et en pays étranger, par un mineur résidant dans la colonie, devra être passé par écrit en présence d'un magistrat stipendiaire.

2° Aucun contrat de ce genre ne sera autorisé si le mineur est âgé de moins de 10 ans.

Si le mineur a moins de 15 ans, un tel contrat ne pourra être conclu que du consentement de son père ou de son tuteur, et la durée n'en pourra excéder un an. Un mineur âgé de 15 ans révolus, ou plus âgé, pourra passer un pareil contrat si son père ou son tuteur ne s'y oppose pas. Il est bien entendu que, dans le cas où le mineur serait un immigrant ou fils d'un immigrant, le magistrat, avant de passer le contrat, devra en donner avis au Protecteur qui pourra présenter telle objection qu'il croira convenable.

3° Le magistrat pourra exiger que le maître donne des garanties à l'appui des engagements qu'il contracte.

4° Toute personne qui, sans qu'un pareil contrat ait été au préalable signé, tentera de faire partir de Maurice un mineur dans le but prévu ci-dessus, sera coupable de dol, et à ce titre punie d'une amende qui ne pourra excéder 1.000 R. ou d'un emprisonnement de 6 mois au maximum, ou de ces deux peines à la fois.

Ordonnance n° 25 de 1891. — Toute personne qui donne asile à un vagabond ou à un déserteur, ou emploie comme homme de journée ou autrement un individu lié à un autre maître par un contrat écrit, sera coupable d'un délit et passible d'une condamnation prononcée par le magistrat stipendiaire à une amende n'excédant pas 1.000 roupies.

Il n'y aura cependant pas de condamnation si la personne avait de justes motifs pour croire qu'elle n'était pas en faute.

L'immigration indienne à Maurice semble toucher à sa fin. En 1897 l'effectif en a atteint le chiffre insignifiant de 287 engagés. Le moment approche où la population indienne, acclimatée, et domiciliée dans la colonie, qui fait partie de la communauté mauricienne, et qui jouit des mêmes droits civils, civiques et politiques que le Mauricien, en participant aux mêmes charges, suffira à tous les besoins. Dès à présent, soit pendant la coupe (c'est-à-dire pendant la période où la canne arrivée à maturité est coupée pour être portée à l'usine), soit pendant l'entrecoupe (c'est-à-dire la période consacrée exclusivement à la culture de la canne), bon nombre d'exploitants occupent des hommes et aussi des femmes à la journée pour les nettoyages des champs et autres travaux. La journée d'un Indien se paie de 50 à 75 centièmes de roupie. A ce taux, le travail libre coûte moins cher que celui d'un engagé avec toutes les dépenses accessoires qui en sont la conséquence. Réduire les frais généraux le plus possible, afin de produire au meilleur marché possible, telle est la tendance à l'île Maurice afin de pouvoir soutenir la lutte contre la betterave envahissante. Étrange retour des choses humaines ! C'est la betterave, considérée il y a 50 ans comme quantité absolument négligeable, qui aujourd'hui menace de ruiner les colonies à sucre de canne.

L'île de la Réunion a eu recours aussi pour sa main-d'œuvre à l'immigration indienne, et cette immigration autorisée par une convention conclue entre la France et l'Angleterre le 1er juillet 1861 est réglementée par un décret en date du 30 mars 1881. Aux termes de ce décret, les enfants des immigrants sont assimilés à ceux-ci jusqu'à leur majorité, soit qu'ils aient été introduits dans la colonie avec leurs parents, soit qu'ils y soient nés. Il en résulte qu'à leur majorité, ils ont droit au rapatriement s'ils ne consentent pas à signer un engagement de travail.

Comme à l'île Maurice, les immigrants sont sous la protection d'un Protecteur. Mais, à la Réunion, l'immigrant peut, de lui-même et directement, intenter et soutenir une action devant les tribunaux, même à l'occasion de son contrat de travail ; en ce cas, le Protecteur est tenu de le conseiller et de l'assister, il peut aussi lui servir de mandataire, et l'immigrant ne pourrait, sans l'autorisation du Protecteur, choisir un autre mandataire, fût-il un agent de l'immigration.

Le Protecteur doit aussi prêter son concours à l'immigrant pour le placement de ses économies à la Caisse d'épargne, ou l'envoi des fonds, qu'il voudrait faire par la poste à des membres de sa famille.

Le Protecteur a sous ses ordres, des syndics titulaires ou auxiliaires. Il y a un syndic titulaire dans chaque canton ; le nombre des syndics auxiliaires est fixé par l'administration locale ; les fonctions de syndics auxiliaires peuvent être remplies par les secrétaires des mairies et des agences municipales. En dehors des fonctions de surveillance qu'ils exercent sous les ordres du Protecteur, ils sont appelés à assister à toutes les audiences de justice de paix, où des immigrants sont en cause : le magistrat doit les convoquer ou les faire convoquer.

La colonie de la Réunion n'a pas une caisse spéciale pour l'immigration ; le budget local supporte directement les dépenses du protectorat, celles du personnel du dépôt colonial, ainsi que les frais de rapatriement, qui ont été classés parmi les dépenses obligatoires.

Pour subvenir à ces dépenses, la colonie perçoit : 1° un droit fixe d'enregistrement sur les contrats d'engagement et de réengagement ; 2 une taxe annuelle sur la délivrance et le renouvellement des permis de résidence temporaire accordés aux immigrants libérés de leur engagement.

Le décret de 1881 a été complété par celui du 27 août 1887.

Les dispositions générales de cet important décret, véritable code de l'immigration indienne à la Réunion (il comporte 176 articles), ont été empruntées aux ordonnances de l'île Maurice dont nous avons donné une analyse complète. Dans la nouvelle législation il y a plus de formalisme. Cette réglementation, poussée à l'extrême, contribue peut-être à étouffer l'immigration à la Réunion et à arrêter son développement, malgré la prime promise en cas de réengagement. D'après un renseignement officiel qui nous a été donné, le nombre des immigrants à la Réunion ne s'élève à ce jour qu'à 16.000.

Cette immigration indienne, quel résultat a-t-elle produit à l'île Maurice ? Par elle, au lieu du nouvel esclavage redouté par l'Angleterre, 209.943 Indiens, sans éducation et sans instruction, se trouvent rendus indépendants et libres, conquis à la civilisation, fixés sans esprit de retour à l'île Maurice, parlent le langage créole, c'est-à-dire le français, connaissent la France, apprennent à l'aimer, et sont ou seront des Français au contact et à l'école des Mauriciens.

TROISIÈME PARTIE

TRANSCRIPTION. — HYPOTHÈQUE JUDICIAIRE. — VENTES IMMOBILIÈRES. — HYPOTHÈQUES LÉGALES.

CHAPITRE PREMIER

ORDONNANCE N° 36 DE 1863 SUR LA TRANSCRIPTION.

Le vote de cette ordonnance eut lieu sur la proposition de Célicourt Antelme. Avocat à la Cour suprême, Antelme, dont on connaît par l'avant-propos les sentiments français, fut appelé, en quittant le barreau, au conseil législatif de l'île Maurice, et, à partir de ce moment, il consacra son intelligence et son activité à améliorer les lois de son pays et à doter celui-ci des institutions destinées à développer sa production et sa prospérité. Tantôt provoquant l'adoption des lois nouvelles appliquées en France, en les appropriant aux conditions et aux convenances de la colonie, tantôt, quand les réformes se faisaient en France trop attendre, s'inspirant des travaux de nos savants professeurs de l'École de Droit, et y puisant les mesures législatives que réclamait un nouvel état de choses, il prit l'initiative de presque toutes les ordonnances promulguées depuis 1863, ou en patronna le vote. C'est lui qui contribua à introduire à l'île Maurice un Crédit Foncier, *the Credit foncier of Mauritius limited*, dont le siège est à Londres, et une banque agricole, *the agricultural Company*, dont le siège est aussi à Londres.

Cette ordonnance reproduit, à peu d'exceptions près, les dispositions de notre loi du 23 mars 1855 sur la transcription.

Nous signalerons les seuls points qui en diffèrent :

1° Les baux à ferme doivent être transcrits, quelle qu'en soit la durée.

2° Les baux à loyers de maison ne sont sujets à transcription que lorsque la durée en est supérieure à 3 années.

3° Tout acte ou jugement, donnant quittance de loyers non échus, en ce qui concerne les baux à ferme, doit être transcrit.

4° Tout acte ou jugement donnant quittance de loyers non échus, en ce qui concerne les baux à loyer, doit être transcrit, lorsque cette quittance s'applique à plus d'une année de loyers.

5° En cas de vente sur saisie, les créanciers, qui ont pris inscription, ont le droit de faire colloquer leur créance sur le prix de vente, bien que leur inscription n'ait pas été renouvelée avant l'expiration des dix ans, mais, en ce cas, ils perdent le droit à la folle enchère et au droit de suite contre les tiers acquéreurs.

CHAPITRE II

ORDONNANCE N° 32 DE 1866. — ABOLITION DE L'HYPOTHÈQUE JUDICIAIRE.

Cette ordonnance est ainsi conçue : « Les hypothèques judiciaires prévues par les articles 2116, 2117 et 2123 du Code civil sont par les présentes abolies, mais sans préjudicier aux droits acquis en vertu des hypothèques judiciaires inscrites avant la mise en vigueur de cette ordonnance.

Cette ordonnance deviendra exécutoire le 1er mai 1867. »

Notre but n'est pas de développer ici les considérations générales sur lesquelles s'appuient les adversaires de l'hypothèque judiciaire pour en demander la suppression.

Nous nous contenterons de faire valoir les raisons spéciales qui ont milité en faveur de l'adoption de cette mesure législative à l'île Maurice.

Antelme écrit à ce sujet :

« La course au clocher qu'est l'hypothèque judiciaire donnait lieu dans cette colonie à des abus encore plus graves qu'en Europe.

« Elle mettait le débiteur dans l'impossibilité de s'entendre à l'amiable avec ses créanciers, les premiers inscrits considérant toujours qu'ils avaient un légitime droit de préférence sur les autres.

« Elle rendait très coûteuse la mise en règle des propriétés.

« Je pourrais citer des affaires dans lesquelles on s'est vu dans la nécessité de faire sommation à 300 ou 400 créanciers de produire à un ordre.

« Les frais absorbaient en grande partie le prix d'acquisition en matière de vente volontaire quand il y avait lieu de faire sommation de surenchère » (1).

Nous ne pouvons fournir une preuve plus décisive des excellents résultats produits par l'ordonnance dont il s'agit, qu'en donnant copie de l'adresse votée à sir Henry Barkly, gouverneur de l'île Maurice, lorsqu'il quitta la colonie en 1871.

« L'ordonnance 32 de 1866 (2), abolissant l'hypothèque judiciaire, et l'ordonnance 19 de 1868, simplifiant la procédure pour la vente en justice des propriétés immobilières, sont deux bienfaits publics qui resteront attachés à l'administration de Votre Excellence. En faisant cesser une préférence souvent injuste entre deux créanciers dont les biens du débiteur sont le gage commun, et en abolissant les frais ruineux qui absorbaient

(1) Lettre du 14 septembre 1898.

(2) Cette ordonnance ainsi que celle n° 19 de 1868, dont nous ferons l'analyse plus loin, avaient été votées et mises en vigueur sous l'administration de ce gouverneur.

presque toujours la valeur des petites propriétés, ces deux lois ont consolidé le crédit public, augmenté la confiance des capitalistes et préservé le patrimoine de nombreuses familles. Sans ces lois, les crises financières que la colonie a traversées depuis cinq ans, auraient fait exproprier et ruiner un grand nombre de propriétaires du sol. »

CHAPITRE III

ORDONNANCE N° 19 DE 1868 SUR LES VENTES IMMOBILIÈRES.

Cette ordonnance a été votée sur la proposition de Célicourt Antelme.

Elle a eu pour objet de simplifier la procédure en matière de ventes immobilières, de diminuer les frais, de mettre les avoués, dont le nombre est illimité à l'île Maurice, dans l'impossibilité de commettre à l'avenir des abus, et enfin de créer un nouveau mode de mise sous séquestre des propriétés rurales, dont la vente est poursuivie.

Afin d'empêcher les abus, l'ordonnance édicte :

1° Que les frais d'un incident de procédure ne pourront jamais et en aucun cas passer en taxe comme frais de vente.

2° Que l'avoué poursuivant ne pourra réclamer aucun frais, sauf ses débours, *quand la créance pour laquelle il poursuit une vente n'est pas colloquée à l'ordre*.

3° Qu'il n'aura droit qu'à ses débours, et à un droit proportionnel sur le prix de la vente.

Le nouveau mode de mise sous séquestre des propriétés sucrières a été adopté en vue de maintenir celles-ci en bon état de production et de fonctionnement.

Les avances de fonds pour pourvoir à une récolte sont considérables, parce qu'il y a des centaines de laboureurs indiens, engagés sur une propriété sucrière.

On ne met, en général, sous séquestre que les propriétés sucrières, et c'est en ce cas le plus gros créancier hypothécaire qui est nommé gardien séquestre.

Grâce à la réduction des frais résultant de cette ordonnance, la transmission à titre onéreux des petites propriétés *ne coûte qu'une livre sterling*, *soit* 25 *francs*.

L'Ordonnance de 1868 très intéressante et très instructive n'a qu'un défaut, c'est d'être très longue. Elle comporte 235 articles. Nous croyons devoir néanmoins en donner une analyse complète.

PREMIÈRE SECTION

I. — *Saisie*.

Toute saisie doit être précédée d'un commandement au débiteur.

Il n'est pas nécessaire de copier in extenso *le titre en vertu duquel aura lieu la saisie* ; il suffit d'en faire la description en indiquant la date, le nom du notaire, si l'acte est notarié, le montant de la créance, et la nature de la réclamation.

Si le titre est notarié, il ne sera pas nécessaire de prendre une copie (*grosse exécutoire*) soit *pour le commande-*

ment soit *pour la saisie* malgré *les termes de l'article* 2213 *du Code civil.*

L'huissier est dispensé de se faire accompagner de deux témoins. Dans les 48 heures du commandement, il devra faire viser l'original par le Procureur général à Port-Louis, pour le ressort de Port-Louis, et par le greffier de la Cour de district pour les districts ruraux.

La saisie ne peut avoir lieu avant l'expiration de *10 jours* après le commandement.

Si le créancier laisse passer 90 jours sans saisir, il devra faire un autre commandement.

Le procès-verbal de saisie contient les mêmes énonciations que celles prescrites par l'article 675 de notre Code de procédure civile actuel.

L'huissier laisse copie du procès-verbal de saisie à personne ou à domicile. Si la saisie a lieu sur les héritiers du débiteur, *il suffira de laisser aux héritiers conjointement et collectivement copie du dit procès-verbal au domicile élu, ou au dernier domicile du défunt.*

Le procès-verbal de saisie est transcrit au bureau des hypothèques, 15 jours après la notification susdite ; et mention en est faite en marge de la transcription.

Les dispositions qui suivent reproduisent les articles 679 à 689 inclusivement de notre Code de procédure civile.

Dans les 30 *jours de la transcription de la saisie*, le créancier poursuivant dépose au Master le cahier des charges qui contient :

1° La description de l'immeuble, telle qu'elle résulte du procès-verbal de saisie.

2° Les conditions de la vente.

3° La mise à prix fixée par le créancier saisissant.

Le Master met au bas du cahier des charges la date qu'il fixe pour la lecture de cet acte, ou pour la vente, s'il s'agit *d'une petite propriété*, ainsi qu'on le verra ci-après.

Viennent des dispositions reproduisant les articles 691 à 693 inclusivement du Code de procédure civile, qui nous régit actuellement.

La lecture du cahier des charges a lieu devant le Master en séance publique, 10 jours au moins, et 30 jours au plus, après le dépôt du cahier des charges. Le jour pour la vente est fixé, après cette lecture, par le Master, et ne peut avoir lieu avant six semaines au moins, à partir de cette lecture.

Ensuite sont reproduites des dispositions identiques aux articles 694 à 702 du Code de procédure civile.

Les enchères sont portées devant le Master, soit *par les enchérisseurs eux-mêmes, soit par leurs fondés de pouvoir*.

Une enchère, couverte par une enchère supérieure, rend la première sans valeur, même au cas où la plus haute viendrait à être déclarée nulle.

Si la mise à prix n'est pas couverte, la propriété est adjugée au créancier poursuivant. Mais si le débiteur saisi, ou un créancier inscrit *fournit la preuve au Mas-*

ter que cette mise à prix, ou l'enchère la plus haute qui l'a couverte, est bien au-dessous de la valeur de la propriété, et qu'il y a de bonnes raisons pour croire qu'un prix plus élevé sera obtenu en ajournant la vente, le Master a le pouvoir de décider cette remise.

Le plus haut enchérisseur, s'il a acheté pour son compte, doit élire domicile à Port-Louis, et tous les actes relatifs à la procédure lui sont notifiés à ce domicile.

Viennent des dispositions semblables à celles qui font l'objet des articles 712 à 717 du Code de procédure civile.

II. — *Saisie des petites propriétés.*

Pour la vente des propriétés dont la valeur n'excédera pas 600 roupies, le dépôt du cahier des charges n'a besoin d'être notifié qu'aux créanciers hypothécaires inscrits, qu'au vendeur dont le privilège est inscrit, ainsi qu'au débiteur saisi, et il n'est pas nécessaire de lire en cour, avant l'adjudication, les conditions de la vente.

Le jour fixé pour la vente, et la valeur donnée à la propriété seront indiqués par le Master, au bas du cahier des charges, lors de son dépôt, et la vente aura lieu 6 semaines après ce dépôt.

Les insertions prescrites par l'article 30 seront faites dans les 15 jours du dépôt du cahier des charges, et encore une fois 12 jours au moins avant la vente, dans deux journaux, à l'exception de la Gazette du gouvernement.

La valeur de la propriété sera fixée par le Master de l'une des manières suivantes :

1° En prenant pour base le prix de la dernière vente, ou le prix d'estimation, lors de la dernière mutation.

2° D'après l'estimation donnée à la propriété pour le paiement des impôts.

3° D'après l'estimation de l'huissier, consignée dans le procès-verbal de saisie.

III. — *Des incidents de la saisie immobilière.*

Les articles 52 à 71 inclusivement ont trait aux points suivants : 1° en cas de deux saisies transcrites à l'occasion d'un même bien, ces deux saisies pourront être réunies en une seule par le Master ; 2° si les deux saisies ont la même date, le droit de poursuivre la vente appartiendra à l'avoué dont le titre a la date la plus ancienne ; 3° tout créancier pourra être subrogé dans la poursuite.

Les articles 72 et 73 stipulent que l'avoué poursuivant pourra réclamer, suivant le cas, soit au débiteur saisi, soit à l'adjudicataire : 1° ses frais et déboursés ; 2° et un droit proportionnel sur le prix de la vente qui sera :

de 5 0/0 jusqu'à 1.000 roupies
de 4 0/0 de 1.000 à 2.000 »
de 3 0/0 de 2.000 à 6.000 »
de 2 0/0 de 6.000 à 40.000 »
de 1/2 0/0 de 40.000 à 200.000 »
et de 1/4 0/0 au-dessus de cette somme.

L'article 74 stipule que l'avoué n'a droit à cet honoraire proportionnel, en totalité ou en partie, que sur la portion du prix de vente pour laquelle son client aura été colloqué dans l'ordre.

IV.— *Vente d'immeubles appartenant à des mineurs.*

La vente de pareils immeubles ne peut avoir lieu qu'après délibération d'un conseil de famille tenu sous la présidence du Master de la Cour suprême.

Lorsque l'immeuble appartient pour partie à des mineurs, et pour le surplus à des majeurs, et si la vente a lieu à la requête de ces derniers, aucun conseil de famille ne sera nécessaire. La vente se fera suivant les règles qui seront édictées sous le paragraphe V ci-après.

La délibération du conseil de famille est homologuée par un juge de la Cour, en chambre (1). Le Master, dans les 15 jours de la délibération, dépose l'original du procès-verbal au dit juge qui, après en avoir conféré avec le ministère public, écrit sa décision au bas de cet original qui est ensuite retourné au Master.

Après cette homologation, le Master inscrit au bas de l'original l'ordre de vendre. Il fixe la mise à prix et le jour de la vente.

(1) Le « juge en chambre » statue, dans la majeure partie des cas, sur les questions qui sont de la compétence du président des référés, au Palais de Justice. Chaque juge en chambre a un clerk ou secrétaire, qui remplit auprès de lui les fonctions de greffier et rédige les ordres ou ordonnances que signe le juge. Chaque juge a sa semaine « de chambre » par rotation.

La vente a lieu aux conditions d'un cahier des charges dressé dans le cabinet du Master par l'avoué poursuivant.

Trente jours avant la vente, avis est donné du dépôt du cahier des charges et du jour de la vente aux créanciers inscrits, autres que les créanciers en vertu d'un jugement, aux domiciles élus, à la condition qu'ils aient pris inscription avant le dépôt du cahier des charges.

Avis est aussi donné au subrogé tuteur qui sera sommé d'assister à la vente.

A défaut d'enchères au jour de la vente, sur la demande de la partie poursuivant la vente, le Master fixera une mise à prix inférieure et un autre jour pour la vente qui ne pourra avoir lieu avant 14 jours.

Avis en est donné par des insertions dans trois journaux.

Lorsque l'immeuble appartient à plusieurs mineurs, et si leurs droits sont liquidés et fixés, il ne sera pas nécessaire de dresser un acte de partage ; le partage doit être fait dans le cahier des charges, et le Master peut, en cas de besoin, distribuer le prix entre les ayants droit.

Lorsque l'immeuble appartenant à des mineurs n'aura pas une valeur supérieure à 600 R. le tuteur, malgré l'article 459 du Code civil, pourra le vendre par contrat notarié, pourvu que les conditions en soient approuvées par le subrogé tuteur, et par un conseil de famille convoqué en conformité de l'article 457 du Code civil et par le Procureur général.

Le tuteur pourra vendre de la même manière la part indivise appartenant à un mineur dans un immeuble lorsque cette part ne sera pas supérieure à 600 R.

Le mineur ne perdra pas ses droits d'héritier bénéficiaire pour avoir ainsi vendu son immeuble ou sa part d'immeuble.

Toutes les formalités, ainsi que les délais ci-dessus prescrits devront être observés à peine de nullité.

Le Master ne pourra procéder à aucune vente avant de s'être assuré que ces formalités et délais ont été observés. L'adjudicataire ne pourra pas être inquiété à raison de ces nullités.

V. — *Vente sur licitation.*

Lorsqu'une vente d'immeuble ne peut avoir lieu que par autorité de justice, la demande sur licitation sera adressée au Master, et cette demande contiendra une description sommaire de la propriété, et les noms, demeures et qualités des parties contre qui la licitation est poursuivie.

Le Master indique le jour et l'heure où cette demande lui est parvenue. Au cas où il y aurait pour la même propriété plusieurs demandes de licitation ou de partage en nature, le droit de poursuite appartient à la partie qui a adressé la première demande au Master.

S'il y a deux demandes simultanées, l'avoué le plus ancien des demandeurs est chargé de la poursuite.

Une demande en licitation ou en partage en nature

peut être faite collectivement par tous les colicitants, même quand il y a des mineurs ou des interdits, pourvu que la demande, en ce qui concerne ceux-ci, ait été approuvée par un conseil de famille.

Dans les 15 jours, la partie chargée de la poursuite doit déposer au bureau du Master le cahier des charges dressé de la même manière que pour la vente des biens de mineurs, et qui contiendra en outre :

1° Le nom, l'adresse et la qualité du poursuivant ;

2° Le nom et l'adresse de son avoué ;

3° Les noms, adresses et qualités des défendeurs sur la licitation ;

4° Une élection de domicile à Port-Louis.

Dans les 15 jours du dépôt, avis en est donné : 1° aux défendeurs ; 2° aux créanciers inscrits qui ont pris inscription avant le dépôt du cahier des charges ; 3° au créancier ayant un privilège de vendeur ; 4° et aux créanciers ayant une hypothèque légale non inscrite, au moyen d'une insertion dans la Gazette du gouvernement et dans 3 journaux.

Un délai de 30 jours est accordé aux défendeurs et à tous créanciers pour faire présenter telles objections qu'ils croiront convenables au cahier des charges, ou invoquer les nullités, s'il y a lieu ; à l'expiration de ce délai, le Master fixe, au bas du cahier des charges, un jour pour la vente qui ne pourra avoir lieu avant 4 semaines, du jour de cette fixation.

Huit jours après l'indication de la vente par le Master,

avis en est donné dans la Gazette du gouvernement et dans 3 journaux, et cet avis est renouvelé 12 jours avant la vente.

Tout défendeur à la vente peut demander au Master de convertir la vente sur licitation en un partage en nature.

Tout co-propriétaire peut obtenir du Master que l'immeuble indivis soit partagé en nature, et, en cas d'impossibilité, qu'il soit licité.

Le Master, après avoir examiné la demande, peut refuser d'y faire droit :

1° Si les droits des parties ne sont pas liquidés ;

2° S'il lui semble que l'immeuble est impartageable en nature ;

3° S'il lui semble que les frais d'un partage en nature, y compris ceux d'une mise en règle, seraient trop onéreux, eu égard à la valeur de la propriété.

Le Master peut aussi faire expertiser la propriété.

Si les droits des copartageants sont liquidés, mais qu'ils soient inégaux, le Master, s'il y voit des inconvénients, peut soit s'opposer au partage en nature, soit, en ordonnant l'expertise, charger l'expert de faire les lots dans la proportion des droits des parties respectives, et par suite de faire ces lots sans qu'il y ait lieu de procéder à un tirage au sort.

Dans les 15 jours du dépôt du rapport de l'expert, le poursuivant demandera au Master de fixer un jour pour l'entérinement de ce rapport, ou pour s'y opposer, ainsi qu'au tirage au sort.

Si le Master autorise le partage en nature, l'approbation par lui du rapport de l'expert rendra définitif le lotissement effectué. Le tirage au sort aura lieu soit immédiatement, soit à un jour qu'il fixera.

Toutes parties qui auront à faire un partage de propriétés immobilières ou mobilières pourront y procéder à l'amiable entre elles, même quand il existerait des mineurs ou des interdits, ou des absents, mais légalement représentés, sans avoir à se conformer à l'article 832 du Code civil, à charge :

1° De faire expertiser et diviser les biens meubles et immeubles par un expert nommé par un juge en chambre ;

2° De faire dresser le partage par acte notarié devant un notaire choisi par toutes les parties ou nommé par un juge en chambre ;

3° De faire approuver, en ce qui concerne les incapables, cet acte de partage par un conseil de famille ;

4° De ne pouvoir admettre à ce conseil de famille aucun des co-partageants ;

5° D'inscrire dans la délibération les raisons qui ont amené le conseil à approuver le partage, et en cas de difficulté, de les faire consigner par le Master au bas du procès-verbal ;

6° De le faire homologuer par la Cour suprême, après que le ministère public aura été entendu.

Toute personne à qui un cohéritier ou un co-partageant a cédé ses droits dans un bien indivis peut être désintéressée par les autres ou l'un d'eux, à la condition que ceux-ci lui remboursent le prix de la vente en capital, intérêts et frais.

VI.— *Vente à la suite d'acceptation sous bénéfice d'inventaire.*

Pour vendre, l'héritier sous bénéfice d'inventaire doit s'adresser au Master, en lui remettant une description sommaire de l'immeuble, et en lui demandant d'ordonner la vente.

Après communication au ministère public, et sur ses conclusions, le Master ordonnera la vente et fixera la mise à prix.

Les formalités et les délais prescrits par le paragraphe IV de la présente ordonnance sont applicables aux ventes dont il s'agit.

L'héritier bénéficiaire qui vend autrement est réputé héritier pur et simple.

VII.— *Vente après renonciation à communauté et à succession.* — *Vente de biens dotaux.*

Toute renonciation à communauté et à succession doit être faite au bureau du Master de la Cour suprême, dans le registre prescrit par l'article 784 du Code civil, et en conformité de l'article 1457 du même Code.

Pour vendre des immeubles dotaux (art. 1558 du Code civil), il faut une autorisation du Master de la Cour suprême ; pour la demande et la procédure à suivre, on se conformera à ce qui est stipulé pour les immeubles dépendant d'une succession bénéficiaire.

VIII. — *Immeubles dépendant d'une faillite ou appartenant à des insolvables.*

La vente d'un meuble appartenant à un failli ou à un insolvable aura lieu à la requête des fidéicommissaires ou trustees sur l'ordre du juge de la faillite, ou du Master de la Cour en ce qui concerne l'insolvable. Les formalités et les délais prescrits par le paragraphe IV de la présente ordonnance sont applicables à ces ventes, sauf qu'il n'est pas fixé de mise à prix.

IX. — *Vente de biens vacants.*

Lorsque le curateur aux biens vacants a des immeubles à vendre, il s'adressera au Master et lui demandera que cette vente ait lieu devant lui.

Cette demande devra être approuvée par le receveur général, et il y sera joint l'estimation de l'expert nommé par le receveur, ainsi qu'un cahier des charges et conditions de la vente.

Ce cahier des charges sera signé par le curateur et indiquera : 1° les noms du propriétaire décédé auquel appartenait l'immeuble ; 2° une désignation ; 3° une mise à prix et les conditions de la vente.

Le Master fixera au bas le jour de la vente qui aura lieu en observant les formalités et délais prescrits sous le paragraphe IV.

X. — *Séquestre.*

Dans toutes les ventes qui ont lieu devant le Master,

la Cour suprême a le droit, sur la demande introduite par une partie intéressée, d'ordonner la mise sous séquestre d'un immeuble, et d'autoriser le séquestre nommé à se procurer de l'argent pour le paiement des gages courants des laboureurs, et le salaire courant des employés et de l'administrateur de la propriété, pour l'achat des provisions, et en général pour tout ce qui est nécessaire à l'effet de conserver la propriété, et d'empêcher sa détérioration pendant la durée du séquestre.

La Cour peut aussi ordonner le paiement de tout ou partie de l'arriéré des gages dus aux laboureurs, d'après jugement rendu par le juge stipendiaire. Le séquestre sera soumis à telles autres conditions que la Cour a le pouvoir discrétionnaire d'imposer.

La demande est faite à un juge en chambre pour être renvoyée devant la Cour, si celle-ci siège, ou devant un juge en chambre si la Cour est en vacances.

On publiera dans 3 journaux l'avis que cette demande a été faite pour être renvoyée devant la Cour, 3 jours au moins avant ce renvoi.

Avis en sera donné au premier et au dernier créancier inscrit, et la Cour a tout pouvoir pour ordonner que pareil avis soit donné à toute partie qu'elle croira avoir intérêt à y former opposition.

Le juge ou la Cour peut, dès le prime abord, donner mission à une personne compétente de visiter la propriété, d'en examiner les livres et de lui faire connaître :

1° Quel est le montant des gages et des salaires à payer chaque mois, tel que cela résulte du livre des paiements?

2° Quelle est la réduction qui peut être faite sur cet item sans porter préjudice à la propriété?

3° A combien s'élève par semaine l'achat des provisions?

4° S'il est nécessaire d'en faire la dépense, et s'il le faut, à combien doit s'élever l'achat de guano et autres engrais?

5° D'une manière générale quels sont les autres items de dépense indispensable pour empêcher la propriété de péricliter?

Le rapport ci-dessus sera vérifié.

Le jour de la comparution, toute partie intéressée peut s'opposer à ce qu'il soit fait droit à la demande.

Si le séquestre est prononcé, sa durée ne devra pas excéder quatre mois, mais si de bonnes raisons sont fournies, une prolongation pourra être accordée, sans dépasser en tout 6 mois.

Cependant, du consentement de tous les créanciers inscrits, la Cour, si elle le juge à propos, peut augmenter encore ce délai de 6 mois.

Le jugement qui nommera le séquestre fixera la somme qu'il est autorisé à dépenser et le mode d'emploi de cette somme.

Toutes les sommes dépensées par le séquestre, en exécution de l'autorisation obtenue seront privilégiées sur la récolte de la propriété, et, en cas d'insuffisance, sur le prix de vente de la propriété.

Il est défendu au séquestre d'avoir un intérêt quelconque dans les fournitures faites à la propriété dont il a charge, sous peine de voir annuler la dépense y afférente.

Le séquestre est tenu de produire une copie de ses comptes au greffe de la Cour, aux époques spécifiées lors de sa nomination, ou à toute autre époque que la Cour fixera.

DEUXIÈME SECTION

I. — *De la surenchère.*

Toute personne peut, dans les 8 jours de l'adjudication, frapper d'une surenchère du sixième les ventes qui ont lieu devant le Master.

Si la surenchère n'excède pas 1000 R., le montant total en sera déposé.

Si elle est supérieure à 1000 R., le Master peut fixer la somme à déposer, mais le minimum en sera de 1000 R. et le maximum de 5000 R.

Cette surenchère est annoncée dans 3 journaux.

La propriété est adjugée au surenchérisseur, s'il n'y a pas d'autres enchères, le jour fixé pour la nouvelle adjudication.

Si le surenchérisseur fait défaut, la propriété est adjugée à l'adjudicataire originaire, et le montant du dépôt effectué par le surenchérisseur, après déduction des frais, est ajouté au prix de la vente. Il pourra de plus être poursuivi, à la requête d'une partie intéressée, pour la différence entre le dépôt et le montant de la surenchère.

Aucune autre surenchère ne sera possible après cette adjudication, mais, en matière de vente sur folle enchère, elle est permise.

II. — *De la folle enchère.*

Si l'adjudicataire n'exécute pas les conditions de l'adjudication, la propriété est remise en vente sur folle enchère.

Lorsque la folle enchère est poursuivie avant la délivrance du jugement à l'adjudicataire, la partie qui poursuit la folle enchère demande au Master un certificat constatant que l'adjudicataire n'a pas rempli les conditions de l'adjudication.

Ce certificat est notifié à l'adjudicataire, en même temps qu'il lui est adressé un commandement d'avoir à se mettre en règle.

Le poursuivant, après avoir justifié de la notification et du commandement, et, en cas de délivrance du titre à l'adjudicataire, du commandement, demande au Master de fixer un jour pour la revente sur folle enchère.

Celle-ci ne peut avoir lieu avant 30 jours à compter de la demande.

TROISIÈME SECTION

Procédure de purgement (clearance) des immeubles vendus autrement que par adjudication devant le Master.

Tout nouveau propriétaire d'immeubles acquis par lui autrement que par adjudication devant le Master, qui voudra se mettre à l'abri de la procédure stipulée par le chapitre VI du Code civil, devra, soit avant le commencement de cette procédure, soit dans les 30 jours de la première sommation reçue, déposer au Master son titre de propriété, et le notifier par un huissier, commis à cet effet par un juge en chambre, aux créanciers inscrits qui auront pris inscription avant ou le jour même de la transcription de son titre.

Le propriétaire devra faire insérer l'avis de ce dépôt dans 3 journaux.

Tout créancier inscrit ou non inscrit pourra, dans les 15 jours de ce dépôt, demander que la propriété soit vendue aux enchères devant le Master.

Si la demande est faite par un créancier ayant un privilège de vendeur, ce dernier aura le droit de déclarer qu'il entend introduire une action en résolution de la vente.

Cette réquisition aura lieu par déclaration inscrite en marge ou au bas de l'acte de dépôt, et devra être accompagnée du dépôt d'une certaine somme à fixer par le Master mais qui ne pourra excéder 500 R.

Dans le cas où aucun créancier inscrit n'aurait, dans le délai ci-dessus stipulé, déposé une demande aux effets dont il s'agit, la valeur de la propriété sera considérée comme définitivement fixée au prix stipulé dans le contrat de vente, ou déclaré par l'acheteur, et cet acheteur sera affranchi de tout privilège ou hypothèque en payant son prix aux créanciers d'après l'ordre et le rang de leurs réclamations, ou en le déposant aux mains du Master.

Si la propriété est mise en vente aux enchères, la vente aura lieu sous les conditions prescrites pour les ventes sur saisie.

Elle sera poursuivie à la requête de l'acheteur dans les 15 jours du dépôt de sa demande. Si, dans ce délai, l'acheteur n'a pris aucune initiative, la vente pourra être poursuivie à la requête d'un créancier inscrit.

La première formalité à remplir pour la revente consistera dans le dépôt que fera le poursuivant d'un cahier de charges dans les 15 jours de la demande à l'effet de vendre.

Faute de ce faire, tout créancier pourra agir en son lieu et place, et il sera subrogé dans la poursuite de vente.

Le désistement du créancier qui aura demandé la revente ne mettra fin à la procédure que du consentement exprès et par écrit des créanciers inscrits qui auraient formé opposition entre les mains du Master à l'abandon de la poursuite commencée.

Dans le cas où les enchères, le jour de la revente, ne s'élèveraient pas au-dessus du dixième du prix stipulé dans l'acte de vente, la somme déposée sera confisquée et ajoutée au prix pour être distribuée comme le veut la loi.

Lorsque le titre du nouveau propriétaire comprend à la fois des biens meubles et immeubles, si quelques-uns de ces derniers sont grevés d'hypothèques, tandis que les autres ne le sont pas, ou s'ils sont tous grevés, mais que le montant des hypothèques qui grève chaque immeuble est différent, le propriétaire devra, dans l'un ou l'autre des cas ci-dessus, indiquer dans l'acte de dépôt et de notification quelle est la portion du prix total qu'il propose d'affecter à chaque immeuble séparément.

L'adjudicataire paiera, en sus du prix d'adjudication, à l'acheteur dépossédé, les frais de son contrat, ceux de transcription et de notification.

Il paiera de plus tous les frais résultant de la revente.

Les droits de mutation perçus sur la vente volontaire seront aussi remboursés au propriétaire dépossédé par le receveur général sur le certificat des droits perçus par le receveur d'enregistrement, après l'adjudication prononcée.

L'adjudication équivaudra à résolution de la vente antérieure.

Les dispositions de la présente section s'appliqueront aux acquisitions par voie d'échange ou de donation.

QUATRIÈME SECTION

De la distribution par voie d'ordre

Les dispositions de cette section sont à peu près identiques à celles adoptées par le Code de procédure civile qui nous régit actuellement.

CHAPITRE IV

ORDONNANCE N° 15 DE 1878 SUR LES HYPOTHÈQUES LÉGALES

Célicourt Antelme s'est inspiré en présentant ce projet de loi, 1° de la loi du 11 brumaire an VII, 2° de la loi belge.

La loi de Brumaire réalisant le vœu de Colbert, soumettait toutes les hypothèques, sans distinction, au principe de la publicité ; toute hypothèque même légale n'existait qu'à charge d'inscription.

La loi belge n'est autre que la loi de Brumaire, modifiée, et augmentée de la spécialité des hypothèques.

En 1851, l'assemblée nationale, nomma une commission, qui fut chargée par elle d'étudier la question de la réforme hypothécaire.

Le maintien de notre système d'hypothèques légales ne fut voté par cette assemblée qu'à une majorité de 19 voix sur 669 votants (344 pour le maintien et 325 contre).

Au cours de cette même année 1851, la réforme était adoptée en Belgique, à la Chambre des députés, par 81 voix contre 1 seulement, et à l'unanimité moins 1 voix par le Sénat.

Célicourt Antelme s'intéressa aux résultats de cette réforme, et lorsqu'il fut éclairé sur les bienfaits que cette nouvelle législation procurait à la Belgique, il saisit le conseil législatif de l'île Maurice d'un projet de loi qui devint l'ordonnance de 1878.

Jamais projet de loi ne fut plus discuté, plus épluché et plus attaqué, soit au Conseil législatif, soit dans la Presse ! La majorité des membres du barreau, Me Guibert en tête, la majorité des notaires et des avoués, le conservateur des hypothèques étaient contre la loi. Que d'assauts eut à soutenir son promoteur, pendant plus de deux ans que la loi proposée resta sur le chantier ! L'adversaire le plus violent, le plus acharné qu'eut à combattre Antelme fut le Procureur général. Il fit flèche de tous les arguments à sa portée, pour que l'ordonnance ne fût pas votée ; à défaut de bonnes raisons, il eut recours à des procédés peu parlementaires, accusant Antelme de faire la réforme proposée dans le seul but de favoriser les compagnies financières dont il était le président du comité de direction ; et, de guerre lasse, menaçant, si la loi était votée, de s'opposer à ce que la Reine y donnât son approbation, et allant jusqu'à déclarer qu'il avait *reçu mission du ministre des colonies de veiller en cette colonie à la défense et à la conservation des lois françaises*. Antelme répondit :

« Ce sont là de belles paroles... je ne crois pas que le bureau colonial (ministère des colonies) se préoccupe beaucoup de nos lois françaises. S'il y tenait tant, il nous enverrait des procureurs généraux les ayant étudiées, et capables d'en saisir l'esprit, et de les interpréter ; au lieu de cela, il nous a envoyé souvent des procureurs généraux qui n'*en connaissaient pas le premier mot, et qui ne parlaient même pas la langue française* (1). »

Nous félicitons Célicourt Antelme de sa mordante réplique à ce procureur général, porte-parole d'un *ministre français des colonies anglaises*, si Français qu'il faisait œuvre française, ce qui ne s'était jamais encore vu dans l'histoire; mais nous regrettons qu'il n'ait pas profité de l'ardente sollicitude du ministre à l'endroit de ces lois françaises, pour le prier d'obtenir de la Reine le rétablissement à l'île Maurice de la langue française, leur principale sauvegarde, et l'unique moyen de permettre aux juges comme aux justiciables d'en bien comprendre et la lettre et l'esprit.

Pour convaincre le Procureur général, mal intentionné, Célicourt Antelme fit valoir les bienfaits que cette réforme procurerait à la classe nécessiteuse : « Parlons des pauvres ! Dans vos promenades à Curepipe (c'est le St-Germain-en-Laye de la ville de Port-Louis), éloignez-vous un instant — M. le Procureur — des demeures somptueuses, et entrez dans la chaumière d'un petit propriétaire. Après y être entré, demandez-lui à voir ses titres de propriété. Dans 9 cas sur 10, il

(1) On a vu comment les magistrats anglais rendaient autrefois la justice, prenant une compagnie maritime pour un homme, et la condamnant à la prison.

vous fera voir un contrat d'acquisition coûtant 1 £ (25 fr.), et une purge d'hypothèques légales coûtant de 10 à 12 £ (300 fr.). Vous verrez aussi en examinant ces titres que les *frais d'une purge excèdent le prix même de la terre achetée.* »

Nous n'insisterons pas sur les raisons développées au cours de ces longs débats, d'une part par les partisans de la réforme hypothécaire, et d'autre part par ses adversaires, arguments d'ordre général, que tout le monde connaît, et qui se fondent d'un côté sur le grand principe et les avantages de la publicité, et d'autre côté sur la défense due aux incapables, et surtout à la femme mariée, parce qu'elle est sous l'influence et sous la complète dépendance de son mari. Il nous semble bien clair cependant, en y regardant de près, que la femme mariée n'est pas mieux défendue et protégée sous le mode adopté et conservé par le Code civil, que sous celui qu'a cru devoir inaugurer le législateur mauricien. La dispense d'inscription de l'hypothèque légale est, dira-t-on, le palladium de la femme, mais n'a-t-on pas rendu vaine et sans valeur cette sauvegarde de ses droits, le jour où on l'a autorisée à y renoncer indirectement par son intervention dans le contrat de vente, quand son mari aliène ; et à y renoncer directement quand son mari hypothèque ; et n'est-ce pas l'exception quand les tiers ne réclament pas cet expédient pour se défendre contre l'hypothèque occulte de la femme ? Toute la question reste donc de savoir si en prenant les mesures les plus prudentes et les plus minutieuses pour que satisfaction soit donnée le mieux possible aux droits sacrés des incapables, il ne convient pas, dans un intérêt général, de compléter d'une manière définitive et absolue le régime de publicité adopté par nos lois (1) ? C'est ce à quoi l'on s'est décidé à l'île Maurice.

Nous allons analyser cette ordonnance qui a soumis toutes les hypothèques sans exception à la spécialité et à la publicité par l'inscription.

L'article 1er permet à tout testateur, quand il fait un testament authentique, de constituer une hypothèque sur un ou plusieurs de ses immeubles à la garantie du paiement d'un legs.

L'article 2 permet de donner une hypothèque en garantie d'un crédit ouvert, et stipule que l'hypothèque prendra rang du jour de son inscription, quand même les versements ou paiements seraient faits à une époque postérieure, et qu'en cas d'un crédit ouvert pour cinq années (c'est le délai légal le plus long) l'hypothèque n'aura pas besoin d'être renouvelée, et inscrite après chaque règlement annuel.

Cette disposition a beaucoup facilité les prêts dits d'entrecoupe aux propriétés sucrières, c'est-à-dire les avances de fonds nécessaires pour permettre à celles-ci

(1) Il n'y a d'ailleurs de réelle et efficace protection pour la femme mariée, dans nos lois, que sous le régime dotal, où les tiers sont responsables de ses biens, quand ils ne se conforment pas aux prescriptions du contrat de mariage.

de faire face à leurs dépenses jusqu'à la coupe, soit jusqu'au moment où la canne est transformée en sucre et devient une denrée réalisable.

Il est stipulé dans l'article 3 que l'omission d'une ou de plusieurs des formalités prescrites par le Code pour l'inscription des privilèges et hypothèques n'entraînera pas de plein droit la nullité absolue de cette inscription.

L'article 4 édicte qu'aucune femme qui se mariera après la promulgation de cette ordonnance ne pourra avoir sur les propriétés de son mari une hypothèque générale, indéterminée et non inscrite.

Immédiatement après, l'article 5 ajoute qu'elle aura droit à une hypothèque spéciale et déterminée, sur les immeubles qui seront affectés par le contrat de mariage à la garantie de son apport, et des conventions matrimoniales qui peuvent être faites.

L'article 6 impose au notaire qui a fait le contrat de mariage l'obligation d'inscrire l'hypothèque de la femme avant le mariage, ou dans les 3 jours qui suivent sa célébration, à charge de dommages-intérêts et d'une amende de 500 R., dont le recouvrement aura lieu à la requête du ministère public. Le contrat de mariage désignera les immeubles grevés, la cause de l'hypothèque et la somme pour le montant de laquelle est prise l'inscription (art. 7).

La femme elle-même, ainsi que son mari, peut inscrire cette hypothèque. Le même droit est accordé aux parents et aux amis de la famille (art. 8).

Dans certains cas spécifiés et qu'il serait trop long d'énumérer, le mari et la femme peuvent s'adresser à un juge en chambre pendant le mariage, pour demander que l'hypothèque soit étendue (art. 9, 10 et 11).

Pendant le mariage, le mari peut également s'adresser à la Cour par voie de motion pour demander que l'hypothèque légale de sa femme soit réduite (1), si les garanties fournies sont plus que suffisantes (art. 12).

L'article 14 de l'ordonnance édicte que tout mineur dont la tutelle commencera après la promulgation de l'ordonnance, aura droit également à une hypothèque légale, mais à la condition qu'elle soit inscrite et déterminée.

Elle ne prend rang que du jour de son inscription.

Il n'est permis à aucun tuteur d'entrer en fonction avant l'inscription de cette hypothèque (art. 15).

Le Master ou la Cour délivre au tuteur un certificat pour constater qu'il est en règle, et qu'il a pouvoir de toucher pour le compte du mineur toutes sommes d'argent et de le représenter.

Ce certificat est transcrit sur deux registres tenus par le Master, et l'un d'eux est déposé chaque année au bureau des archives coloniales (art. 16).

Les sommes dues au mineur doivent être payées au greffe de la Cour. Tout débiteur qui se libère ainsi est complètement déchargé, et le juge, après un rapport

(1) Bien que la loi ne le dise pas, la femme a le *droit de renoncer* à son hypothèque légale.

du ministère public, lui délivre un arrêté ordonnant la radiation de toutes les inscriptions de privilège et d'hypothèque qui garantissaient la somme payée. Le paiement a lieu, sans frais aucuns, soit pour le mineur, soit pour le débiteur (art. 17).

L'article 18 impose au Master de la Cour suprême l'obligation d'inscrire l'hypothèque du mineur dans les trois jours après la délibération du conseil de famille à concurrence de la somme pour laquelle l'hypothèque devra être prise.

La réunion d'un conseil de famille pour fixer le montant de l'hypothèque du mineur est *free of expenses*, c'est-à-dire sans frais autres que les droits de timbre et d'enregistrement (art. 19).

Quand le tuteur n'a pas d'immeubles, ou quand ceux qu'il possède sont de valeur insuffisante, le Master doit prendre ou faire prendre par un notaire une inscription d'hypothèque légale qui grévera, pour la somme fixée par le conseil de famille, tous les biens présents et à venir du tuteur (art. 20). *C'est la seule exception faite au principe de la spécialité de l'hypothèque.*

Lorsque le mineur ne possède aucun bien, le Master dispense la prise d'inscription sur les immeubles du tuteur, et cette déclaration sert de preuve, en justice et ailleurs, pour le tuteur ainsi dispensé. Mais une inscription doit être prise dès que le mineur recueille des biens, et le conseil de famille doit être réuni à cet effet immédiatement (art. 21 et 22).

L'article 23 prévoit le cas où le tuteur voudra faire appel de la décision du conseil de famille pour une cause quelconque.

Les articles 24 à 27 stipulent que le tuteur pourra faire réduire le montant de l'inscription prise sur ses immeubles.

Toutes les prescriptions de la loi en ce qui concerne les mineurs sont applicables aux interdits (art. 28).

Toutes les inscriptions prises pour les femmes mariées, les mineurs et les interdits sur les biens des maris et des tuteurs sont dispensées du renouvellement tous les 10 ans, mais elles doivent être renouvelées dans l'année qui suivra la cessation de la minorité, et de l'interdiction, ou la dissolution du mariage (art. 29).

Ce système aurait été incomplet si on n'avait pris les mesures nécessaires pour faire inscrire les hypothèques légales ouvertes avant la promulgation de l'ordonnance.

En conséquence, l'article 30 s'exprime ainsi :

« Toutes les hypothèques légales dispensées jusqu'à présent de la formalité de l'inscription et qui ont pris naissance avant la promulgation de la présente ordonnance seront inscrites, si elles ne le sont déjà, dans les 2 années après la promulgation de la présente ordonnance pourvu qu'elles ne puissent frapper sur des propriétés déjà affranchies conformément à la loi.

« Le conservateur des hypothèques, pendant ces deux années, fera publier une fois par mois dans la Gazette du gouvernement et 3 journaux, un avis appelant l'attention du public et des parties intéressées sur le contenu du présent article et de l'article 31. »

Cet article 31 déclare que les hypothèques en question qui ne seront pas inscrites dans les 2 années fixées par l'article précédent ne prendront rang qu'à partir de leur inscription.

Les articles suivants imposent aux maris, tuteurs et subrogés tuteurs, sous peine de dommages-intérêts, l'obligation d'inscrire les dites hypothèques.

Les parents et les amis de la famille des femmes mariées, des mineurs et des interdits sont égalcment autorisés à inscrire ou faire inscrire les dites hypothèques.

Sous le titre de « prescription », il y a dans l'ordonnance 2 articles qui introduisent des modifications importantes à notre loi française.

Ainsi l'article 34 dispose :

« Qu'à partir de la promulgation de l'ordonnance, l'exception stipulée (*enacted*) en faveur des mineurs et des interdits par l'article 2252 du Code civil, n'aura aucune force contre les droits de ceux qui auront acquis des propriétés immobilières par la prescription de 10, 20 ou 30 ans, sous l'empire du Code civil ou de l'ordonnance 10 de 1874, à moins que le mineur dans les 2 ans qui suivent sa majorité ou l'interdit dans les 2 ans qui suivent la levée de l'interdiction, ou leurs représentants, n'exercent leurs droits sur les dites propriétés. »

L'article 35 impose au mineur devenu majeur, et

aux interdits dont l'interdiction a été levée, avant la promulgation de l'ordonnance, l'obligation d'exercer leurs droits contre ceux qui ont prescrit par 10, 20 ou 30 ans, dans les 2 années, après la promulgation de l'ordonnance, sous peine de déchéance.

Ces deux articles ont eu pour objet de consolider la propriété et le crédit immobilier, et de mettre obstacle à des procès que l'on faisait souvent pour exercer une sorte de chantage envers les propriétaires en s'appuyant sur l'article 2252 du Code civil.

L'article 37 dispose que le conservateur des hypothèques ne pourra percevoir aucun droit proportionnel, lors de l'inscription des hypothèques légales prises en faveur des femmes mariées, des mineurs et des interdits.

Les hypothèques légalés, abolies de fait par l'ordonnance de 1878 que nous venons d'analyser, ont été abrogées d'une manière expresse par l'ordonnance 11 de 1882 qui supprime la formalité de la purge des hypothèques légales (art. 2193 à 2195, C. pr.).

QUATRIÈME PARTIE

SUCCESSIONS ET TESTAMENTS. — PARTAGE. — CURATELLE. — TAUX DE L'INTÉRÊT

CHAPITRE PREMIER

ORDONNANCE N° 18 DE 1867.

Elle abroge les articles 769 à 773 du Code civil et accorde la saisine aux enfants naturels reconnus, lorsqu'ils ne sont pas en concours avec des enfants légitimes.

Nous rappellerons que notre loi du 25 mars 1896, accorde, dans tous les cas, la saisine aux enfants naturels.

Le but de cette ordonnance a été de supprimer une procédure inutile qui absorbait souvent la valeur des petites successions. Depuis qu'elle est en vigueur, elle n'a jamais été l'objet d'une seule plainte.

L'article 1er stipule que lorsqu'il s'ouvrira une succession irrégulière, et qu'il n'y aura pas d'héritiers légitimes, les parties ayant droit à cette succession, en l'absence d'héritiers légitimes, prendront possession *de plano* de cette succession sans avoir à remplir d'autres formalités légales que celles imposées par la loi aux héritiers légitimes.

Par l'article 2, il est ordonné que si le défunt a fait par testament des legs à titre universel ou à titre particulier, ces légataires en demanderont la délivrance aux héritiers qui appréhendent la succession à défaut d'héritiers légitimes.

L'article 3 édicte que lorsqu'une succession échoit pour partie aux enfants naturels du défunt, et pour partie à ses héritiers naturels, ou à son légataire universel, les parents naturels devront réclamer l'envoi en possession contre les héritiers légitimes, ou le légataire universel.

CHAPITRE II

ORDONNANCE N° 21 DE 1883.

« Pour modifier la loi sur les successions et les testaments. »

Cette ordonnance a été votée sur la proposition de Célicourt Antelme.

Elle modifie les dispositions de notre ancien Code civil, en ce qui concerne les enfants naturels reconnus, elle élargit les droits du conjoint survivant ; puis, sans aller jusqu'à la liberté de tester, elle accorde aux père et mère le droit d'imposer certaines conditions à la transmission de la réserve de leur succession ; enfin elle permet aux père et mère de procéder de leur vivant au partage de leurs biens entre leurs héritiers et légataires.

Enfants naturels reconnus.

Y a-t-il à l'île Maurice, eu égard à la population, une proportion d'enfants naturels plus grande que dans les autres colonies à esclaves, où le concubinage était pratiqué sur une grande échelle ? Il ne nous est pas possible de trancher la question. Soit pour cette raison, soit dans un but humanitaire, et pour élargir la famille légale de ces déshérités de la société, le législateur mauricien s'est montré plus libéral que notre loi du 25 mars 1896 ; tout en augmentant les droits de l'enfant naturel reconnu sur la succession de ses père et mère, il a donné des droits d'hérédité à des parents naturels qui n'en ont aucun dans notre loi.

Ainsi, le grand-père et la grand'mère, et à leur défaut, les oncles et tantes naturels, peuvent hériter de l'enfant naturel reconnu.

Nous rappellerons que notre loi de 1896, sur les enfants naturels reconnus, a déclaré ceux-ci héritiers, leur a donné la saisine, a augmenté la quotité de leurs droits héréditaires et a permis au père de donner à son enfant naturel, par testament seulement, tout ou partie de sa quotité disponible, sans pouvoir, lorsque l'enfant naturel reconnu est en concours avec des enfants légitimes, lui léguer une part supérieure à celle de l'enfant légitime le moins prenant.

Réserve des père et mère.

Le législateur mauricien permet aux père et mère de grever de substitution, au profit de leurs petits-enfants, la partie de leur succession dévolue à leurs enfants, à titre de réserve, et aussi de stipuler que cette réserve sera insaisissable.

Nous allons analyser cette ordonnance, qui présente, par ses dispositions, un haut intérêt.

L'article 1er indique l'objet de la loi. L'article 2 stipule qu'elle s'appliquera à Maurice et à ses dépendances.

L'article 3 établit que les enfants naturels auront droit à la totalité de la succession de leur mère décédée, si elle n'a laissé aucun descendant ni ascendant légitimes.

L'article 757 du Code civil est abrogé.

L'article 4 stipule que l'enfant naturel reconnu aura droit à la totalité de la succession de son père, si ce dernier ne laisse à sa mort ni descendants légitimes, ni ascendants, ni frères, ni sœurs, ni descendants légitimes de frères ou sœurs.

L'article 758 du Code civil est abrogé.

Par l'article 5, la représentation légale est admise en faveur des descendants légitimes ou naturels reconnus des frères et sœurs naturels, dans le cas prévu par l'article 766 du Code civil.

L'article 6 stipule que, s'il n'y a pas de frères ou sœurs, légitimes ou naturels, reconnus, ni descendants légitimes ou naturels de ceux-ci, la succession de l'enfant naturel reconnu sera dévolue au grand-père ou à la grand'mère, et à leur défaut aux oncles et tantes naturels. Le législateur mauricien ne dit pas si, à titre de réciprocité, l'enfant naturel a droit à la succession de ses ascendants et de ses oncles et tantes naturels.

Par l'article 7, les articles 760, 761 et 908 du Code civil sont abrogés, mais il est stipulé que l'enfant naturel restera soumis aux dispositions de l'article 843 du Code civil.

L'article 8 édicte que si le défunt ne laisse ni descendant ni ascendant légitimes, ni héritiers collatéraux légitimes, jusqu'au 3e degré inclusivement, ni descendants de neveux et nièces, sa succession sera dévolue à son conjoint, pourvu qu'ils ne soient ni l'un ni l'autre divorcés ou séparés de biens.

Si le défunt laisse un ou plusieurs enfants naturels reconnus, la part du conjoint sera *réduite au quart*, et s'il laisse, au lieu d'enfants naturels reconnus, un père et une mère naturels reconnus, ou l'un d'eux, la part du conjoint sera réduite à moitié.

Les législateurs mauriciens n'ont pas encore assuré la situation du conjoint survivant, en lui attribuant une quote-part des biens de la succession du prédécédé, quelles que soient les qualités des héritiers laissés par lui. Nous leur signalons cette lacune dans leur législation.

L'article 767 du Code civil est abrogé.

L'article 9 donne la saisine aux légataires à quelque titre que ce soit, et les dispense d'obtenir la délivrance légale.

La procédure d'envoi en possession a paru inutile et trop coûteuse aux législateurs mauriciens.

L'article 10, le plus important de cette loi, est ainsi conçu : « Il sera permis à toute personne par acte entre vifs, ou par testament, de donner ou léguer à son enfant légitime la totalité ou partie de la réserve revenant à cet enfant, *sous la condition que cet enfant conservera cette réserve* et la laissera à sa mort à ses enfants légitimes par parts égales, que les dits enfants soient nés avant ou après l'époque où la donation ou le testament devra produire son effet ; et, dans le cas d'une substitution ainsi faite, il sera permis à toute personne qui aura fait une telle donation ou un tel testament de *déclarer que cette réserve ou cette portion de la réserve ne pourra pas être saisie*, à raison des dettes faites par l'enfant légitime ou les enfants légitimes antérieurement à l'époque où la donation ou le testament produira son effet.

« Le précédent paragraphe sera ajouté comme second paragraphe de l'article 1048 du Code civil, et l'article 913 est abrogé en tant qu'il serait contraire aux dispositions du précédent paragraphe (1). »

La réserve légale, maintenue avec un pareil correctif, nous semble réaliser tous les desiderata. Les législateurs mauriciens n'ont pas voulu adopter la liberté absolue de tester, en honneur en Angleterre, dont ils connaissent tous les avantages, mais aussi tous les périls et les inconvénients. Ils ont préféré concilier les droits imprescriptibles du père de famille avec les véritables intérêts de l'enfant. Si les droits du père sont susceptibles d'être ainsi augmentés, dans des circonstances exceptionnelles dont celui-ci est le meilleur juge qu'on puisse trouver, les droits de l'enfant, bien que restreints, dans une certaine mesure, au point de vue de la libre disposition, ne peuvent jamais être diminués

(1) La liberté de tester a été adoptée au Canada, qui est demeuré moins français que l'île Maurice.

ni anéantis, comme ils pourraient l'être sous le régime de la liberté absolue.

La dernière partie de cet article, qui permet au testateur de déclarer insaisissables les biens de sa succession pour dettes contractées avant l'ouverture de la dite succession, a eu pour objet d'effrayer les usuriers et de les empêcher de prêter à gros intérêt de l'argent à des fils de famille.

Pareille mesure ne rendrait-elle pas pareil service en France, où sévit la même lèpre?

Célicourt Antelme écrit à ce sujet: « Peu de personnes ont usé jusqu'à présent du droit conféré au testateur par l'article 10, mais ceux qui ont dû y recourir ont rendu un grand service à leurs enfants et petits-enfants (1). »

L'article 11 stipule que le tuteur qui doit être nommé d'après l'article 1056 du Code civil, sera dans tous les cas choisi par la Cour suprême.

Par l'article 12 le délai d'un mois édicté par l'article 1056 est porté à 3 mois.

Il est dit dans l'article 13 qu'au cas où personne ne voudrait accepter d'être tuteur, le curateur aux biens vacants sera nommé tuteur à la substitution.

L'article 14 donne au grevé de substitution le droit de vendre, hypothéquer, emprunter, compromettre, et accomplir tous actes qui ne seraient pas des actes d'ad-

(1) Lettre du 12 septembre 1898.

ministration, avec le concours du tuteur à la substitution et sauf l'approbation de la Cour.

L'article 15 confère à toute personne le droit de partager ses biens entre ses héritiers et légataires, et stipule que les dispositions du chapitre VII, titre II, livre III, du Code civil s'appliqueront à un tel partage qui sera soumis aux dispositions des articles ci-après.

L'article 16 édicte que la nullité prononcée par l'article 1078 du Code civil ne pourra pas l'être si le partage peut être rectifié ou complété.

Aux termes de l'article 17, aucun partage ne pourra être, en exécution de l'article 1079 du Code civil, annulé pour lésion de plus du quart, pourvu que, dans le cas où la réserve d'un héritier ou successeur aurait été diminuée, le partage soit rectifié et complété.

Enfin l'article 18 et dernier stipule qu'aucun partage ne sera annulé pour ce motif que les lots contiennent d'inégales portions de meubles ou d'immeubles, ou que certains lots contiennent des meubles ou des immeubles, et que d'autres n'en contiennent pas, mais à la condition de compléter la réserve de l'héritier lésé.

CHAPITRE III

ORDONNANCE N° 2 DE 1890.

Cette ordonnance modifie les articles 823, 826, 832 et 838 du Code civil.

Le but de cette ordonnance a été de simplifier la procédure, et de diminuer les frais, en matière de partage de succession.

Les règles varient suivant que la succession à partager excède 6000 roupies, est équivalente ou inférieure à 6000 roupies, est équivalente ou inférieure à 1500 roupies.

Pour les petites successions, celles de 6000 roupies, et surtout pour les toutes petites, celles de 1500 roupies, des dégrèvements de droits sont accordés, et pour éviter des déplacements aux parties et des pertes de temps, ce qui est encore pour elles une économie, attendu que le temps est de l'argent, *time is money*, disent les Anglais très pratiques, le législateur mauricien a adopté un mode de procéder qui nous semble atteindre le but poursuivi. Un notaire est nommé par justice liquidateur de la toute petite succession (de 1500 roupies) ; muni de pleins pouvoirs, c'est lui qui acquitte les dettes, réalise l'actif, partage et remet à chaque héritier la part nette qui lui revient.

Voici les principales dispositions de cette ordonnance.

§ **1. — Inventaire et levée des scellés.**

Sur la demande d'un héritier, du conjoint survivant, de l'exécuteur testamentaire, du donataire, du légataire universel ou à titre universel, ou d'un créancier, le juge peut désigner un notaire pour dresser l'inventaire d'une succession.

Le notaire nommé a le droit de procéder à la vente du mobilier.

Les scellés apposés peuvent être levés par le greffier sur la présentation de l'ordonnance qui a nommé le notaire, à la condition que, s'il y a des héritiers mineurs, ceux-ci soient pourvus d'un tuteur ou soient émancipés.

L'inventaire a lieu en présence des parties, qui ont le droit de s'adresser au juge pour provoquer la nomination d'un notaire et d'assister à la levée des scellés.

Partage à l'amiable. — Un partage à l'amiable peut avoir lieu en tous cas, en observant l'article 115 de l'ordonnance n° 19 de 1868 (1). L'héritier, le donataire ou le légataire, qui ont accepté sous bénéfice d'inventaire, ne perdent pas cette qualité en procédant à un pareil partage.

(1) Voir p. 15 : Vente sur licitation.

Dès la clôture de l'inventaire, le notaire procède à la vente du mobilier.

Sur la demande d'une partie intéressée, le juge peut nommer un notaire pour procéder au partage. En le désignant, *il fixe le jour* où devront commencer les opérations.

Vente des immeubles. — Quand il est nécessaire de vendre les immeubles, cette vente a lieu devant le Master de la Cour, en conformité de l'ordonnance 19 de 1868.

Le prix de la vente est distribué par le Master lorsqu'il y a des créanciers inscrits sur l'immeuble vendu. Dans le cas où après cette distribution il reste une balance disponible en faveur de la succession, le Master a ttribue et colloque cette balance à la succession, sans n ommer ni désigner les héritiers, et le notaire en fait le partage.

A défaut de créanciers, il n'y a pas lieu à la distribution du prix par le Master, et le notaire répartit le prix de la vente ; à cet effet, le Master lui remet le certificat du conservateur des hypothèques délivré en conformité de l'article 169 de l'ordonnance 19 de 1868.

Quand il n'y a pas un notaire désigné pour le partage le Master peut répartir le prix de la vente.

Partage. — Le notaire procède seul, sans l'assistance d'un second notaire ou de témoins.

En cas de difficultés, il dresse un procès-verbal, et avertit les parties d'avoir à se trouver au jour fixé par lui devant le juge.

Le jour fixé, le juge, en présence des parties, tranche les difficultés. Les frais de l'incident sont à la charge de la partie perdante, et ne sont jamais considérés comme frais de succession.

Sur la demande d'une partie dont les droits excéderaient 1000 R., le juge renvoie l'affaire devant la Cour, et fixe un jour pour la comparution. Le jour fixé, sur sommation, les parties comparaissent, et la Cour statue en mettant les frais à la charge de la partie perdante.

L'acte de partage dressé, le notaire convoque les parties, dont il prend la signature, si elles sont d'accord.

En cas de difficultés, il en dresse procès-verbal et convoque les parties devant le juge pour l'homologation.

Le jour fixé, le juge, après avoir entendu le ministère public s'il y a des mineurs, homologue, et met les frais à la charge de la partie qui a soulevé à tort ces difficultés.

§ 2. — Petites successions.

Biens meubles. — Les petites successions sont celles qui n'excèdent pas 6.000 roupies. Lorsqu'il n'est pas nécessaire de vendre les biens meubles pour payer les dettes, l'inventaire clos, les parties toutes d'accord peuvent partager en nature ces biens entre elles sans autre formalité. Quand il y a des mineurs, le tuteur doit se faire autoriser par le ministère public à concourir à ce partage. Lorsque la majorité des parties consent au partage, le notaire, s'il considère que le partage des meubles peut s'effectuer, a le pouvoir de partager en nature ces meubles entre les héritiers, à la condition, quand il y a des mineurs, de faire approuver son partage par le ministère public.

Biens immeubles. — Tout ou partie des biens immeubles peut être partagé aussi en nature entre les héritiers sous les conditions suivantes :

Un géomètre assermenté est choisi par les parties d'accord entre elles, pour faire les lots. Si celles-ci approuvent les lots tels qu'ils ont été faits, le géomètre dresse un plan et un procès-verbal, en faisant approuver le tout par le ministère public, s'il y a des mineurs. En cas de désaccord, le géomètre fixe rendez-vous aux parties dans le cabinet du magistrat de district où les biens sont situés, et lui présente la minute du procès-verbal et du plan dressés par lui, et ce magistrat, s'il approuve le travail de ce fonctionnaire, peut faire tirer les lots au sort en sa présence par toutes les parties ou par celles présentes. Les parties défaillantes sont citées par l'huissier du district.

Après le tirage au sort, le magistrat attribue à l'héritier le lot tiré par lui ou pour son compte, en rendant compte de cette opération au bas du procès-verbal qu'il fait parvenir au Master, après en avoir fait faire une copie qui reste, une fois signée par lui, au nombre des minutes de la cour de district.

Les héritiers peuvent partager à l'amiable les biens meubles ou les biens immeubles, ou le tout, même quand il y a des mineurs, des absents ou des interdits, si ceux-ci sont légalement représentés, sans qu'il soit nécessaire de faire des lots, et de se conformer à l'article 832 du Code civil, sous les conditions ci-après :

Préalablement au partage, il est dressé un inventaire notarié, et l'évaluation des biens meubles et immeubles est faite par une personne compétente nommée par le juge à la requête de tous les héritiers.

La minute du partage dont s'agit, dressée par le notaire, est approuvée par les parties majeures et les tuteurs des mineurs ou interdits, mais ce partage, quand il y a des mineurs ou interdits, doit être approuvé par le ministère public.

Lorsque des immeubles dépendant d'une petite succession sont vendus devant le Master, la distribution du prix n'est point faite par ce dernier, mais par le notaire nommé qui, même lorsqu'il y a des créanciers inscrits, fait le partage entre les héritiers du solde disponible après paiement des dits créanciers.

Lorsque les inscriptions sont supérieures au prix, ou lorsqu'il y a des contestations, le notaire atteste les faits, et en ce cas toute partie intéressée peut demander que la distribution ait lieu devant le Master en conformité de l'ordonnance 19 de 1868.

Il n'est point nécessaire de citer par exploit d'huissier les parties à prendre connaissance du partage dressé par le notaire. Il prévient celles-ci par lettre, et la partie qui n'a pas approuvé doit être citée par exploit d'huissier.

Le partage approuvé par les parties majeures doit être soumis à l'approbation du ministère public, en ce qui concerne les mineurs ou interdits, et si le ministère public approuve, le partage est définitif. Si le ministère public refuse d'approuver, la partie la plus diligente doit s'adresser au juge pour l'homologation.

Lorsqu'un immeuble faisant partie d'une succession (quelle qu'en soit l'importance) est vendu pour un prix inférieur à 6000 R., aucun droit ne peut être perçu par le Master à raison de la vente et de la distribution du prix. Lorsque plusieurs immeubles de la même succession sont vendus pour un prix supérieur à 6000 R., les droits ci-dessus sont exigibles.

Dispense est accordée de faire des insertions dans la *Gazette du gouvernement*.

Lorsque, pour suivre un procès se rattachant à une petite succession, il faut recourir à un huissier de district, si les actes sont signifiés par un huissier de la Cour, celui-ci ne peut réclamer que les honoraires dus à l'huissier de district.

Lorsque la succession est *inférieure à* 1.500 *R.*, le juge nomme un notaire liquidateur de cette succession, et celui-ci procède comme suit :

Dès cette nomination, toute procédure commencée pour vendre par licitation ou judiciairement cesse *ipso facto*, et il n'est passé en taxe aucun frais de cette nature à la charge de la succession, à moins qu'il n'en soit autrement ordonné par le juge. Si au moment de cette nomination une procédure de vente sur licitation ou judiciaire a été commencée, avis doit en être donné au poursuivant, afin qu'il puisse réclamer les frais déjà faits.

En nommant un liquidateur, le juge fixe un jour pour l'inventaire, et avis en est donné aux héritiers. Si, en faisant l'inventaire, il est démontré que l'actif excède 1.500 R., les dispositions spéciales aux successions s'élevant à ce chiffre ne sont pas applicables.

Le liquidateur nommé a tous pouvoirs pour :

1° Réclamer et encaisser les sommes dues à la succession et en donner quittance ;

2° Donner mainlevée des inscriptions et oppositions, avec ou sans paiement ;

3° Acquitter les dettes de la succession ;

4° Représenter la succession dans toutes actions judiciaires ou extra-judiciaires, transiger et compromettre ;

5° Et sans formalité judiciaire, même en présence de mineurs ou d'interdits, mais sous le contrôle du ministère public, partager en nature ou vendre tout ou partie des biens meubles ou immeubles ;

6° Attribuer à chaque héritier la part lui revenant.

Dès la clôture de l'inventaire, le notaire doit prévenir, par insertion dans des journaux, les héritiers, les créanciers et tous autres intéressés, qu'il a été nommé liquidateur, et que toutes réclamations doivent lui être adressées dans le délai fixé par lui.

La publication faite, il est interdit à tout héritier ou partie intéressée, ainsi qu'à tout créancier, soit de la succession, soit des héritiers, de former aucune action pour faire vendre les immeubles de la succession, ou pour faire liquider et partager les biens de cette succession ; il n'a ce droit que si la réclamation faite par lui au liquidateur a été repoussée.

Mais tout créancier inscrit ou privilégié peut faire saisir les immeubles, si la vente n'en a pas été opérée dans un délai de 8 semaines à partir du jour de l'insertion ci-dessus.

Le liquidateur vend les immeubles aux enchères 14 jours après la publication faite dans 3 journaux annonçant la vente.

Cette vente a les mêmes effets qu'une adjudication faite par le Master en conformité de l'ordonnance de 1868. L'acheteur est déchargé de tous les privilèges et hypothèques en payant son prix au liquidateur.

Le conservateur des hypothèques, sur le vu d'un certificat du liquidateur constatant que l'acheteur a payé son prix, et que ce prix a été distribué, doit rayer toutes les inscriptions qui grevaient l'immeuble *sans pouvoir réclamer aucun droit ou honoraire quelconque pour la radiation de ces inscriptions.*

Toute partie peut, dans les 8 jours de la vente, faire une enchère du sixième du prix de la vente en déposant ce sixième au notaire.

Le prix est distribué par le liquidateur aux créanciers de la succession après avis, s'il y en a.

Les avis à donner aux créanciers inscrits par le notaire ont lieu *par lettre recommandée* au domicile élu dans l'inscription, ou au domicile actuel, lorsque ce domicile est à Port-Louis, ou dans une localité où il existe un bureau de poste.

Quand il n'y a pas de bureau de poste dans la localité où est domicilié le créancier, le notaire adresse la lettre au greffier de la Cour de district du domicile de ce créancier, et le greffier fait parvenir l'avis au créancier par l'huissier du district qui a droit à l'honoraire alloué par la Cour de district.

Le notaire dresse l'acte de partage, et ce partage, approuvé par les parties et par le ministère public quand il y a des mineurs ou interdits, a la même valeur qu'un partage homologué.

Si les parties ou l'une d'elles n'approuvent pas, il est procédé comme il a été dit ci-dessus pour les successions s'élevant à 6.000 R. et au-dessus.

Le gouvernement n'a droit de percevoir aucun droit pour les causes ci-après : nomination du notaire, et procédure devant le juge, apposition et levée des scellés, convocation et réunion du conseil de famille, radiation d'inscriptions, et certificats à délivrer par le conservateur.

Le notaire a droit aux honoraires qui lui sont dus sans pouvoir réclamer plus de 5 0/0 de l'actif de la succession.

Nous croyons de notre devoir d'appeler particulièrement l'attention sur le mode adopté pour le règlement des petites successions.

Au moyen de cette procédure, les dérangements et les pertes de temps sont évités aux parties intéressées et si intéressantes, puisqu'il s'agit de la classe laborieuse et nécessiteuse, les formalités sont simplifiées, les frais réduits au strict minimum ; il n'est pas possible de trouver législation plus pratique, plus économique et plus démocratique. Nous ne saurions trop en féliciter les législateurs mauriciens, et en recommander l'adoption à nos législateurs du Palais-Bourbon.

CHAPITRE IV

ORDONNANCE N° 9 DE 1890.

Cette ordonnance forme la loi fondamentale sur la curatelle.

Le curateur aux biens vacants remplit ses fonctions sous la direction du Procureur général. Mais le contrôle de son administration, en tant que finances, appartient au Receveur général et à l'auditeur général.

Le curateur verse un cautionnement de 10.000 R. Il a charge des biens vacants et des biens des absents. L'ordonnance considère comme biens vacants: 1° les biens dépendant de successions de personnes décédées *ab intestat*, sans laisser d'héritiers résidant dans le colonie ; 2° les biens non réclamés ; et elle considère comme absents ceux qui sont hors de la colonie ou qui n'y sont pas légalement représentés.

Une bonne précaution à prendre, quand on a des biens à l'île Maurice, c'est de désigner, dans sa procuration, deux ou même trois mandataires, en stipulant que le deuxième mandataire n'agira qu'en cas de décès du premier, et le troisième, qu'en cas de décès du deuxième mandataire. Sans cela, survenant le décès de l'unique mandataire, le curateur mettrait la main sur les biens réputés vacants, les administrerait, et *surtout* percevrait 5 0/0 sur le montant de la valeur de ces biens.

Nous n'entrerons pas dans les autres détails de cette ordonnance qui ont trait aux devoirs imposés au curateur en vue de sa bonne administration.

CHAPITRE V

ORDONNANCE N° 35 DE 1882 SUR LA LIBERTÉ DU TAUX DE L'INTÉRÊT.

Cette ordonnance édicte :

1° Qu'il est permis légalement de stipuler en matière de prêt tel taux d'intérêt qu'on jugera convenable.

2° Que dans une convention, quand il n'aura pas été stipulé un taux d'intérêt, le taux légal sera 9 0/0 par an.

Sont abrogés l'arrêté du 26 mars 1808 (1), Code Decaen 165, et les articles 1153 et 1154 du Code civil.

Cet exposé des lois nouvelles promulguées à l'île Maurice, qui ont apporté de si profondes modifications au régime hypothécaire surtout, serait incomplet, si nous n'indiquions pas quels en ont été les résultats pour cette colonie.

Les meilleurs juges en cette matière sont, sans contredit, les magistrats de la Cour suprême à qui incomba la mission d'appliquer ces lois. Médecins d'un genre particulier, chargés d'étudier et d'observer dans le do-

(1) Avant la liberté votée par l'ordonnance dont il s'agit, le taux de l'intérêt légal était fixé comme suit : 9 0/0 en matière civile, 12 0/0 en matière commerciale (Arrêté du général Decaen, 26 mars 1808).

maine légal les effets des remèdes nouveaux, ils ont chaque jour tâté le pouls du pays, et ont pu constater l'aggravation de sa maladie ou sa guérison.

Lorsqu'à raison de son grand âge, Célicourt Antelme se démit il y a deux ans de ses fonctions de membre du conseil législatif, Sir Eugène Leclézio, l'éminent chef juge, lui adressa les plus vives félicitations au sujet des réformes dues à son initiative, et M. Didier St-Amand, Master de la Cour suprême, qui put suivre de plus près les résultats de ces réformes, lui écrivit la lettre dont nous donnons copie.

« Ce n'était que justice de dire que votre initiative et votre expérience ont souvent contribué à améliorer la législation de notre petit pays, et je puis ajouter que mon expérience, comme Master de la Cour suprême, m'a permis de constater chaque jour pour ainsi dire les heureux résultats dus aux réformes opérées.

« En écrivant ces lignes, j'obéis au désir de vous témoigner mon appréciation des services que vous avez rendus à notre petit pays, et j'ajoute ma reconnaissance, car en améliorant notre système de lois, vous avez bien allégé la tâche si difficile du Master de la Cour suprême. »

Nous nous associons à ces éloges, et nous disons : honneur à Célicourt Antelme ! honneur au patriote et au législateur !

CONCLUSION

De l'étude à laquelle nous venons de nous livrer, il ressort que la législation de l'île Maurice est à la hauteur de tout le progrès contemporain, et qu'en opérant les réformes, les législateurs mauriciens ne se sont jamais départis des idées et des traditions françaises.

Nous en avons trouvé une dernière preuve dans la nouvelle loi sur les successions et les testaments. Si l'influence anglaise eût prévalu, n'est-ce pas la liberté de tester, en honneur en Angleterre, qui eût été adoptée, lorsque sur ce point le Code civil fut modifié ? Les législateurs de l'île Maurice ont mieux aimé maintenir notre réserve légale en la complétant par les dispositions sagement libérales que nous avons indiquées (1).

Individuellement, le Mauricien obéit à la même tendance française pour donner un plus libre essor à ses aptitudes, à sa vocation et à son idéal. Quand pour lui

(1) L'infiltration anglaise ne s'est produite à l'île Maurice que dans deux branches de notre législation française, l'instruction criminelle et la procédure civile. L'instruction criminelle a été, presque en totalité, empruntée à l'Angleterre et la procédure civile a été modifiée par des Rules of Court, en ce qui concerne seulement le mode de procéder, pour obtenir les jugements, l'exécution de ces jugements s'effectuant selon la forme française, sauf de menus détails. Le Code pénal, à l'exception de quelques articles, a été copié sur le Code pénal français, et le Code de commerce, sauf le Droit maritime, est resté entièrement français.

s'impose le choix d'une scène plus spacieuse que sa toute petite île, ce n'est jamais à l'Angleterre (1) qu'il songera à faire appel.

La France est pour ainsi parler l'aimant qui l'attire, la patrie d'origine vers laquelle naturellement, instinctivement, il retourne, et à laquelle il fait apport de ce qu'il sera susceptible de créer et de produire.

Combien ne compte-t-on pas de Mauriciens qui firent ou font honneur à l'hospitalité toujours fidèle et toujours généreuse que leur accorde la France? Nous ne pouvons rappeler que les noms des plus notables d'entre eux: Félicien Mallefille, dans l'art dramatique, — Brown Sequard, dans la physiologie, — Tholozan, qui fut pendant 30 ans le médecin et le conseil du Schah de Perse, et fit prévaloir en ce lointain pays l'influence française; et Le Juge de Segrais, aussi dans la médecine, — Emile Bouchaud et Albert Mallac, dans la poésie, — Désiré Laverdant, Giraudeau et Ange Galdemar, dans le journalisme, — Hyacinthe Husson, dans la critique artistique, — Aristide Salesse et Adolphe Autard de Bragard, dans les belles-lettres, — Eugène Poujade, dans la carrière consulaire, — Léon Carvalho, dans l'art musical et théâtral, — Prosper d'Epinay, dans la statuaire, — Francis Thomé, dans l'exécution et la

(1) Il n'y a guère que les lauréats du Collège Royal qui, par ordre, vont apprendre en Angleterre une profession. Depuis 1840, les deux premiers lauréats de ce collège sont envoyés en Angleterre pendant 4 ans, au frais du Gouvernement local, et sur ces 4 années en Europe, ils en passent au moins une à Paris.

composition musicales, — Léon Duverger, agent de change à Paris, dans la finance, — Gustave Adam et Edouard Elias, dans le commerce et l'industrie, — Sérendat de Belzim, dans la peinture, — enfin Thomy Thierry, le Mécène mauricien.

Français de cœur ! Comment les Mauriciens ne seraient-ils pas encore plus étroitement attachés à la France, leur ancienne patrie, et par les souvenirs du passé et par les espérances de l'avenir ?

Antipathiques aux Anglais ! Les Mauriciens ne sont-ils pas aux yeux des Anglais trois fois coupables : 1° de parler français ; — 2° d'avoir à 2000 lieues de la France un cœur qui bat à l'unisson du cœur de la France ; — 3° et de résister, depuis 88 ans, à l'Angleterre qui s'obstine, par haine et par jalousie contre la France, à vouloir confisquer aux vaincus, et annexer à sa couronne royale, jusqu'à ces droits intangibles et inaliénables *qu'elle a pris l'engagement solennel devant l'histoire de respecter toujours* (1) ?

(1) « Les habitants de l'île de France *conserveront* leur religion, leurs lois, leurs *coutumes*. — Accordé. » (*Traité de capitulation* du 5 décembre 1810).

Avec l'habituelle astuce de nos voisins, que nous appellerons, depuis l'annexion de l'Egypte, le crocodilisme britannique, le Whitaker's Almanack, qui contient le credo politique du Royaume-Uni, déclare, à la page 519 de son édition de 1896, que l'Angleterre *a conservé la langue française*, à l'île Maurice. Oui, la langue française y a été conservée, mais ce que ne veut pas dire le Whitaker's Almanack, c'est qu'elle s'y est maintenue, et s'y maintient encore et toujours, malgré l'Angleterre.

Conquérir de haute et loyale lutte une condition politique meilleure, fonder une nationalité, et mettre fin à ce *temps margoz* qui dure toujours pour eux, tandis que depuis longtemps il n'existe plus pour leurs esclaves affranchis, tel a été peut-être le rêve maintes fois caressé par les Mauriciens, et dont la réalisation n'eût pas été au-dessus de leur volonté, de leur persévérance, de leur ténacité, et de leur foi dans le succès, — l'Angleterre est là pour en témoigner, — mais cela aussi devait être interdit à leur légitime aspiration, — faute de territoire.

Les événements dont l'île de France a été le théâtre, depuis qu'elle est devenue l'île Maurice, donnent à la politique de conquête et d'annexion une leçon d'une haute portée morale. Il s'en dégage cet enseignement réconfortant, qu'une langue ne saurait jamais s'imposer à un peuple, si faible et si isolé qu'il soit, par un ordre royal ou même impérial ; qu'on ne fonde rien de durable sur la mauvaise foi et l'injustice, et que, dans l'évolution des choses humaines, par une loi fatale et inéluctable, le Droit finit toujours par triompher de la Force.

ANNEXES

Annexe n° 1.

Prise de possession de l'île de France, du 20 septembre 1715.

« De par le roy,

« Nous, écuyer Guillaume Dufresne, capitaine commandant le vaisseau le *Chasseur* et officiers en vertu de la copie de la lettre de Monseigneur le comte Pontchartrain, ministre et secrétaire d'Etat à Versailles du 31 octobre 1714, qui m'a été fournie à Moka, golfe de la mer Rouge, par le sieur de la Boissière, commandant le vaisseau l'*Auguste*, armé par Messieurs nos armateurs de St-Malo, subrogés dans les droits et privilèges de la Royale Compagnie de France du commerce des Indes Orientales, collationnée à l'original au dit Moka, le 27 juin 1715, portant ordre de prendre possession de l'isle nommée Mauricius, — située par 20° de latitude sud, et par 78°30 de longitude suivant la carte de Pitre Goos, laquelle dite carte prend son premier méridien au milieu de l'isle de Ténérif dont je me sers, — *en cas que la dite île ne fut point occupée par aucune puissance*, — et comme nous sommes pleinement informés tant de la part du sieur Grangemont, capitaine de vaisseau le *Succez*, et de ses officiers arrivés à cette île le 7 mai dernier et mouillé dans la baye nommée par les anglais Browsbay, autrement nommée par nous baye de la Maison-Blanche, distante du port ou baye où nous sommes mouillés actuellement d'environ une à deux lieues, nommé par la dite carte des Anglais n° 88[1] harbour, que *cette dite isle et islots étaient inhabités*, et pour être encore plus informé du fait, j'ay dispersé partie de mon équipage dans tous les endroits qui pourraient être habités et, en outre, et afin qu'au cas qu'il y eût quelques habitants sur la dite isle, *j'ay fait tirer plusieurs coups de canon par distance et différents jours*, et après avoir fait toutes les diligences convenables à ce sujet, *estant pleinement informé qu'il n'y a personne dans la dite isle* (1), nous déclarons pour en vertu et exécution de l'ordre de Sa Majesté, — à tous qu'il appartiendra — prendre possession de la dite isle Mauricius et islots, et luy donnons, suivant l'intention de Sa Majesté, le nom de *Isle de France*, et nous avons arboré le pavillon de Sa Majesté avec copie du présent acte que nous avons fait sextuple à l'isle de France, ce vingt septembre 1715, et avons signé et apposé le sceau de nos armes, fait contresigner par le sieur Litant, écrivain du dit vaisseau le *Chasseur*, les jours et an susdits. Signé : Dufresne, Grangemont, de Chapelaine, Garnier, Litant ».

Mais malgré cette prise de possession, l'île de France ne fut réellement et effectivement colonisée qu'en 1721.

« L'intervalle écoulé entre ces deux dates, écrit M. Guet (dans son intéressant ouvrage, *Les origines de l'île Bourbon*), eut cela d'utile *de prouver que les Hollandais avaient fui Maurice sans aucune idée de retour*. Du reste les singes et les rats, à qui nous devions cet abandon, avaient tellement pullulé pendant ces six années, que l'on fut longtemps à se demander si ces animaux gênants ne deviendraient pas les vrais possesseurs de Maurice. Un demi-siècle plus tard même, en 1766, on vit le conseil supérieur de l'île de France exiger des habitants, par ordonnance, qu'ils joignissent, au paiement de leurs redevances annuelles, une queue de singe et quinze queues de rats, afin que chaque contribuable fût tenu de prouver qu'il avait concouru pour sa part à la destruction de ces races envahissantes ».

(1) L'Angleterre eut-elle jamais de pareils scrupules, soit à l'égard de la France, soit à l'égard d'une nation quelconque ?

Annexe n° 2.

Le combat du Grand Port. — Ce qu'était notre marine en 1810 !

Avant de donner la relation de ce combat livré contre les Anglais par le capitaine Victor Duperré, il est nécessaire de faire connaître l'effectif de son escadre qui se composait de :

1° La *Bellone*, construite à St-Malo, mise à l'eau le 12 mai 1808, armée de 18 canons, de 18 en batterie,de 20 canonades et de deux coursiers sur ses gaillards.

2° La *Minerve*, frégate portugaise, et le *Victor*, corvette anglaise, prises par la *Bellone*, aux embouchures du Gange. Le *Victor* portait 20 canons. Il était la ci-devant corvette française, *Iéna*, bâtiment d'un faible échantillon. La *Minerve* portait 48 canons.

Duperré, parti en croisière de l'île de France le 14 mars 1810, reparaissait en vue de l'île le 19 août 1810, son escadre augmentée de deux bâtiments, le *Windham* et le *Ceylan*, capturés sur les Anglais le 4 juillet après un combat devant les îles d'Anjouan. Le *Windham* et le *Ceylan* portaient chacun 30 canons.

Le récit de ce combat est extrait du Journal de bord de Duperré.

20 *août* 1810. Les montagnes du Grand Port ont été aperçues dans le Nord.La division a serré le vent pour l'aller reconnaître.

Dans la soirée, la division mouilla au fond de la baie. Les communications avec la terre m'apprirent que, le 14, l'ennemi s'était emparé par surprise de l'île de la Passe, qu'il en était en possession depuis cette époque, et qu'il harcelait les bords de la baie par de petits débarquements partiels.

21 *août*. — Pendant cette journée, j'ai fait embosser ma division acculée au récif qui borde la baie, et la tête appuyée à un banc de corail. La *Minerve* et le *Ceylan*, qui y avaient touché, ont travaillé à se remettre à flot.

Le capitaine Willoughby de la frégate anglaise que j'ai su être la *Néréide*, m'a envoyé un canot en parlementaire pour me remettre une lettre dont le but est une demande aussi extraordinaire que mal fondée. Je lui ai répondu que je remettrai sa lettre au capitaine général avec lequel seulement il pouvait correspondre.

22 *août*. — Dans la matinée la *Minerve* et le *Ceylan* prirent leur poste, et la ligne d'embossage fut rectifiée de manière à ne pouvoir être contournée ni par la tête ni par la queue, en opposant au flanc de la ligne un banc de corail.

Dans l'après-midi une frégate ennemie parut au large ; elle rallia la *Néréide*, et toutes deux se dirigèrent pour venir m'attaquer.

Le capitaine général qui venait d'arriver m'envoya un détachement de soixante marins de la frégate la *Manche*, que je répartis dans la division pour remplacer le déficit des équipages.

23 *août*. — Le feu commence. Les premières volées coupent les embossures de la *Minerve* et du *Ceylan*. Ces deux bâtiments sont jetés en dérive vers le récif. La frégate la *Néréide* vient s'embosser par ma joue, et me force de larguer mes amarres de devant pour ne pas lui laisser une position avantageuse. Je suis bientôt également forcé de filer mes amarres de l'arrière. La *Minerve* et le *Ceylan* ne pouvant gouverner viennent échouer bord à bord de la *Bellone*, et en terre. Leur feu, par ce mouvement, se trouve entièrement masqué ; une frégate seule prête le travers à l'ennemi. Trois des frégates ennemies étaient embossées par notre travers, une d'elles répondant avait ses feux un peu masqués. La quatrième avait touché, nous présentait l'avant, et ne pouvait jouer que de ses canons de chasse.

Dans cette position le combat s'échauffe avec une ardeur indicible. La supériorité de notre feu se fait promptement sentir.

A 8 heures, la frégate la *Néréide* est réduite au silence ; bientôt après, le feu des autres frégates se ralentit d'une manière sensible et annonce du désavantage. Le nôtre n'en devient que plus vif ; il est alimenté par des secours d'hommes, d'apprêtées et de munitions que le capitaine de la *Minerve* nous fait passer sans relâche. Ce bâtiment était parvenu à jouer d'une pièce de l'arrière, et le *Ceylan* avait aussi ses quatre dernières qui jouaient sur l'ennemi.

A 10 h. 1/2, je suis frappé à la tête par une mitraille et renversé de dessus le pont dans la batterie. Je suis enlevé sans connaissance. Le capitaine Bouvet est prévenu et passe aussitôt sur la *Bellone*. Je puis à peine lui faire connaître mes intentions, mais ce brave officier m'avait deviné. Jamais, on ne montra volonté plus prononcée de vaincre ; les officiers de la division la partageaient tous, et la manifestaient au même instant.

A 11 heures, l'ennemi cessa son feu. On cessa aussi le nôtre pour prendre un peu de repos.

24 *août*. — Au lever du soleil, un yak anglais flottait encore sur la *Néréide*. La *Magicienne* présentait le travers ; le *Syrius* l'avant, et échoué ; et l'*Iphigénie* par le travers de la *Néréide*. Peu après, son pavillon tomba. Il fallait attendre pour en prendre possession que la *Magicienne* fût réduite ; les feux se croisant exposaient trop les embarcations.

La canonnade dura jusqu'à 2 heures, mais de notre côté seulement, la *Magicienne* tirant de temps à autre quelques coups de canon jetés au hasard, et qui paraissaient être les derniers efforts du désespoir. Ses embarcations communiquaient fréquemment avec les autres frégates, et dès lors, plus de doute que l'ennemi ne voulût l'abandonner.

M. le lieutenant de vaisseau Roussin fut envoyé amariner la *Néréide*. Il la trouva dans un état impossible à décrire : 150 morts ou mourants étaient sur les ponts, son capitaine, M. Willoughby, était blessé.

Sur le soir, le feu se manifesta à bord de la *Magicienne*. La nuit se passa à tenir en garde contre l'incendie, à veiller les mouvements de l'ennemi, à déblayer la *Néréide* et à faire inhumer ses morts.

25 *août*. — Dès la pointe du jour, le feu fut dirigé sur le *Syrius*. Il riposta de ses canons de l'avant ; mais sa position rendait la lutte trop inégale pour qu'elle fût longue. Bientôt l'éva-

cuation commença, comme la veille, à bord de la frégate l *Magicienne,* sur l'*Iphigénie,* et le feu se manifesta également su divers points.

Le capitaine Bouvet désirait sauver la frégate dans l'espoi que l'ennemi tenterait peut-être d'éteindre l'incendie ; mais ce espoir fut bientôt perdu ; à 11 heures, l'explosion des poudre dispersa ce qui restait encore du *Syrius.*

Des quatre frégates qui nous avaient attaqués, l'*Iphigéni* restait seule, dans l'après-midi ; elle se trouvait hors de porté du canon.

26 *août.* — Dès la pointe du jour, la division commença à travailler à se mettre à flot. La *Bellone* fit des dispositions pour s touer à la poursuite de l'*Iphigénie* qui se réfugiait sous l'île d la Passe. Toute la journée fut employée à ces divers travaux.

27 *août.*— La division travaillait à réparer ses avaries; la *Bellone* surtout tâchait de se mettre en état de combattre. Sur ce entrefaites, la division, forte de trois frégates et un brick, sorti du Port Napoléon, sous le commandement du capitaine de vaisseau Hamelin, parut devant l'île de la Passe.

28 *août.* — A la pointe du jour, Son Excellence le capitain général, qui s'était rendu à bord de la frégate la *Minerve,* et y avait arboré son pavillon, expédia près du capitaine de l'*Iphigénie* un officier porteur d'une sommation pour la reddition de la frégate et du fort.

En ce moment les communications avaient lieu entre le capitaine et le commandant de la division française. A 11 heures, le pavillon français fut arboré par le fort et la frégate. Le capitaine Bouvet envoya de suite prendre possession de cette dernière, et une garnison fut envoyée au fort. Les prisonniers furent dirigés sur le Port Impérial. Notre perte a été de 36 tués et 112 blessés.

La perte de l'ennemi est immense. Elle est même incalculable. La précipitation mise dans l'évacuation des deux frégates laisse, malheureusement, trop de crainte sur le sort des blessés. La *Néréide* a été hachée. Elle a perdu considérablement d'hommes. Le résultat de cette affaire est :

Les frégates l'*Iphigénie* et la *Néréide* en notre pouvoir. La *Magicienne* et le *Syrius*, portant le guidon de commandement du capitaine Pym, brûlés par l'ennemi; les équipages, prisonniers de guerre, à la tête desquels sont : les capitaines Pym, Lambert, Curtin et Willoughby, ce dernier a été blessé à la tête et a perdu un œil.

(Adrien d'Epinay, *Renseignements pour servir à l'histoire de l'île de France*, p. 553.)

Annexe n° 3.

La capitulation de l'île de France.

Le *Moniteur* du 16 juillet 1811 contient le rapport suivant du conseil d'enquête nommé à l'effet d'examiner la capitulation de l'île de France du 3 décembre 1810.

Le conseil se compose :

1° du maréchal comte Serrurier, président ;

2° du comte Dejean, premier inspecteur du génie ;

3° du comte Lamartillière, sénateur ;

4° du comte Gassendi, conseiller d'Etat.

Au 1er novembre 1810 les troupes sous les ordres du général Decaen à l'île de France consistaient en 1226 hommes, savoir :

103 officiers.

1123 sous-officiers et soldats, dont 182 étrangers et 95 malades.

Plus : 400 hommes du bataillon des marins tirés des frégates, 400 gardes nationaux de la ville.

Total 2026 hommes présents dans la ville de Port-Napoléon.

Dans l'île, 300 hommes de troupes cantonnés dans les quartiers, et enfin 800 gardes nationaux disséminés dans les huit quartiers de l'île, mais sur ces 800, un *tiers* seulement en état de porter les armes.

Le capitaine général fait observer que, s'il eût eu plus de troupes de ligne, il eût formé plusieurs corps d'observation, pour marcher aux premiers débarquements, les culbuter, ou du moins les harceler, les retarder et se donner ainsi le temps d'arriver en force sur l'ennemi.

On ne doit pas oublier que le capitaine général, privé depuis plusieurs années des secours de la *Métropole* avait porté tous ses soins à soutenir la marine, et à l'accroître, *parce que les prises qu'elle faisait, pouvaient seules lui fournir les moyens d'alimenter et de soutenir la colonie.*

Le 27 novembre, on signala 34 voiles.
Le 28 — — 60 — (1)
Le 29 — — 66 —

C'est-à-dire que le 29, il y avait 66 voiles en vue, en tout.

A midi, elles mouillent par vent N.E. entre le Coin de Mire, et la Grande-Terre. Comme on ne croyait pas ce mouillage praticable, on eut la persuasion que c'était une fausse attaque.

Cependant les Anglais, au moyen de 60 embarcations qu'ils mettent en mer, opèrent un grand débarquement, et, dans la nuit du 29 au 30, achèvent de mettre à terre toutes leurs troupes. Elles consistaient en 23,590 hommes, dont 14,850 Européens, et 8,740 cipayes. Leur flotte comptait (le 30 au matin) :

1 vaisseau de 74.
12 frégates ;
6 sloops ;
9 vaisseaux de la Cie ;
62 transports de 400 à 1000 tonneaux ;
Total 90 vaisseaux (le tout armé en guerre).

Les forces de la colonie étaient organisées en 3 subdivisions, l'une au Nord et Nord-Est de la Ville, vers la Montagne Longue, l'autre au Sud-Ouest, entre le Fort-Blanc, et la Grande-Rivière, et celle du centre, sur la Place d'Armes.

Le 30, les Anglais s'avancent par le Chemin des Réserves du

(1) Le général Decaen adresse aux habitants et aux gardes nationales de l'île une chaleureuse proclamation. « Vous êtes Français, unissez votre valeur au courage des braves soldats et marins que je vais opposer à nos ennemis, et nous serons victorieux. »

Bois-Rouge et de l'Eglise des Pamplemousses, vers la Baie aux tortues, et le Port-Napoléon.

Le même jour, le capitaine général passe la rivière du Tombeau, fait une reconnaissance, culbute une grand'garde soutenue par sept bataillons ; il s'avance, mais bientôt est contraint de se replier, et revient à la ville.

Le 1er décembre, le général Vandermaësen a ordonné des reconnaissances pour le lendemain au point du jour ; elles donnent pour résultat que les Anglais s'avançaient sur trois colonnes avec des canons :

1° Vers la baie du Tombeau,

2° Par le chemin des Pamplemousses,

3° Par le chemin du Moulin à Poudre.

Ce général les attaque de grand matin avec 850 hommes ; mais il est repoussé ; il perd 62 hommes, dont deux capitaines, MM. Blin et Sébille ; il met un bien plus grand nombre d'ennemis hors de combat ; il est lui-même blessé et se replie dans le retranchement du port. Il avait trois pièces de quatre, qui furent bien servies.

L'armée anglaise appuie sa gauche à la Montagne Longue, sa droite à l'habitation Bruneau, vers Pamplemousses.

L'escadre mouillait à la baie du Tombeau. Le capitaine général avait donné ordre aux gardes nationales des Pamplemousses de se porter à la Montagne Longue. Cet ordre n'ayant point eu d'exécution, les Anglais arrivèrent sans obstacle à cette montagne.

Les Français étaient dans le retranchement du port, la droite flanquée par la batterie Dumas, de 6 pièces de 18, la ligne garnie de 9 canons de 24 à 21 ; la gauche protégée par le bastion Fanfaron, où étaient 9 autres canons de 24 à 12 (1).

Les Anglais se portent en avant ; la batterie Dumas leur tue

(1) L'artillerie était commandée par le capitaine Joseph Maingard. Pour sa belle conduite, il fut fait chef de bataillon, sur le champ de bataille, par le général Decaen.

beaucoup de monde, l'ennemi s'ébranle, chancelle. Dans ce moment, ainsi que l'observe le capitaine général, s'il avait eu 1200 à 1500 hommes de troupes de ligne, il aurait pu reprendre avec succès l'offensive.

Les deux généraux français font leurs dispositions pour attaquer l'ennemi le lendemain 2 décembre, une heure avant le jour.

Mais le bruit se répand que les Anglais font arriver une colonne par le quartier de Moka sur le port. Cette fausse nouvelle ayant découragé les habitants et les gardes nationales, les ordres d'attaque sont rétractés.

Au jour, la vigie signale 7 nouveaux bâtiments, c'était la division du Cap, apportant deux régiments à l'armée anglaise, qui était déjà considérable. L'ennemi se dispose à une attaque générale.

Le général Decaen, dépourvu de munitions, et voyant l'impossibilité de résister, demanda, le 2 décembre, une suspension d'armes, négocia une capitulation, qui fut conclue et signée le 3, à trois heures du matin.

Le dénûment où était le général Decaen n'était point de sa faute, et ne pouvait lui être imputé en aucune manière.

Le conseil d'enquête pense que la prise de l'Ile de France doit être imputée au manque de troupes, d'approvisionnement et d'argent que les circonstances n'ont pas permis de lui envoyer.

Ont signé :

Maréchal comte Serrurier, *président*.
Comte Dejean, *premier inspecteur du Génie*.
Comte Lamartillière, *sénateur*.
Comte Gassendi, *conseiller d'Etat*.

TABLE DES MATIÈRES

TROISIÈME PARTIE

Transcription. — Hypothèque judiciaire. — Ventes mobilières. — Hypothèque légale.

QUATRIÈME PARTIE

Successions et testaments. — Partage. — Curatelle. — Taux de l'intérêt.

Vu :
Le Président de la thèse,
RENAULT.

Vu :
Le Doyen,
GARSONNET.

Vu et permis d'imprimer :
Le Vice-Recteur de l'Académie de Paris,
GRÉARD.

Imp. G. Saint-Aubin et Thevenot. — J. Thevenot, successeur, Saint-Dizier (Hte-Marne).

www.ingramcontent.com/pod-product-compliance
Ingram Content Group UK Ltd.
Pitfield, Milton Keynes, MK11 3LW, UK
UKHW020454200726
13857UKWH00002B/699